# 执行力
## 是干出来的
打造高效执行力的77个关键

蔡践◎编著

中国纺织出版社有限公司　国家一级出版社
全国百佳图书出版单位

## 内 容 提 要

执行力是有效利用资源，保质保量达成目标的能力。执行力是否到位既反映了企业的管理水平，也体现了员工的精神面貌，对企业的发展至关重要。本书从企业的实际出发，结合大量真实的案例，从拒绝拖延、勇敢行动、自发自觉、有效沟通，以及有序执行、团队执行、高效执行、积极执行、到位执行、创新执行十个方面，详细分析和阐述了提升员工执行力的基本思路和具体方法，是一本激发员工工作热情、改变拖延恶习、实现个人成长的实用指导手册和员工培训读本。

**图书在版编目（CIP）数据**

执行力是干出来的：打造高效执行力的77个关键／蔡践编著． —北京：中国纺织出版社有限公司，2021.9
ISBN 978-7-5180-8746-4

Ⅰ．①执… Ⅱ．①蔡… Ⅲ．①企业管理—人事管理—通俗读物 Ⅳ．①F272.92-49

中国版本图书馆CIP数据核字（2021）第152591号

策划编辑：于磊岚　　特约编辑：张　瑜
责任校对：寇晨晨　　责任印制：储志伟

中国纺织出版社有限公司出版发行
地址：北京市朝阳区百子湾东里A407号楼　邮政编码：100124
销售电话：010—67004422　传真：010—87155801
http://www.c-textilep.com
中国纺织出版社天猫旗舰店
官方微博http://weibo.com/2119887771
三河市延风印装有限公司印刷　各地新华书店经销
2021年9月第1版第1次印刷
开本：710×1000　1/16　印张：13.5
字数：156千字　定价：48.00元

凡购本书，如有缺页、倒页、脱页，由本社图书营销中心调换

# 前言

执行力是当下人们谈得最多的话题，也是企业触及最深和最为关注的话题。执行力的强弱，反映一个企业的管理水平，也体现企业员工的精神面貌，对企业的发展至关重要。

企业要发展，员工要进步，就必须要有强大的执行力作为保证。执行力的最大障碍就是拖延、懒惰，不仅包括身体上的懒惰，还包括思想上的懒惰。一旦拖延的思维产生，就毫无执行力可言，再好的策略或计划也会变得苍白无力。

执行力分为个人执行力和团队执行力。个人执行力是团队执行力发挥功效的基础条件，而团队执行力又可以促进个人执行力的提升。对个人而言执行力就是办事的能力，是按时按质按量完成自己的工作任务；对团队而言执行力就是战斗力，是在预定的时间内完成企业的战略目标；对企业而言执行力就是经营能力。要想让执行力成为一种强势力量，就必须要把握执行制胜的二十四字真经：文化认同、观念统一、目标明确、方案细化、执行强化和考核严格。

将战略做好不容易，将战略贯彻下去更是不易。作为高管的一项重要能力就是让员工高效执行，当员工情绪激昂、心情愉悦的时候，用不着督促，他们就会有很高的执行力，行为也会更加积极主动；反之，当情绪不高、心情郁闷的时候，即使他们宣称"会好好干的"，行动上也一定不是最理想的，也就不可能有很高的执行力。此时，如何调动员工的执行力，就看高管的本事了。

　　本书从企业的实际出发，结合古往今来在执行力方面的一些成功及失败案例，从拒绝拖延、勇敢行动、自发自觉、有效沟通，以及有序执行、团队执行、高效执行、积极执行、到位执行、创新执行十个方面，详细分析和阐述了提升员工执行力的基本思路和具体方法，是一本激发员工工作热情、改变拖延恶习、实现个人成长的实用指导手册和员工培训读本。

编著者

2021 年 5 月

# 目录

## 第一章　高效执行力，干是根本

执行力在行动中产生 / 2
机遇偏爱行动者 / 4
梦想毁于"设想" / 6
备万事同时借东风 / 8
好项目是干出来的 / 11

## 第二章　立即干：执行没有借口

成功就是立即行动 / 14
拿出魄力，不要犹豫 / 16
借口是失败的根源 / 18
绝对服从，理由先放一边 / 21
错过往往源于拖延 / 24
克服惰性，今日事今日毕 / 26
有问题不推诿，先解决 / 29
面对问题调整思路，有序解决 / 32
与执行力强的人为伍 / 34

## 第三章　勇敢干：打破束缚手脚的"万一"

走出阴影，勇敢行动 / 38
"万一"是个骗子 / 40

不要被恐惧束缚手脚 / 43
先开车，山前必有路 / 45
直面困难，方法总比问题多 / 48
有担当，大不了从头再来 / 50

## 第四章 自发干：树危机，逼迫自己行动

高效执行力 = 危机感 + 行动 / 54
危机感造就自发心态 / 57
制造危机，执行力是逼出来的 / 60
增强危机意识，自我提速 / 62
有危机感，才能适应危机 / 64
构建危机自我管理机制 / 66

## 第五章 沟通干：先行动，再沟通研究

不要把时间浪费在沟通研究上 / 70
方向正确，即刻执行 / 73
你会开会吗 / 75
把细节留在执行的路上 / 78
执行中要敢于主动沟通 / 80
预估问题，提前沟通 / 83
提高沟通效率的技巧 / 85

## 第六章 有序干：构建顺畅的执行流程

执行流程要清晰 / 90
执行目标要明确 / 92
完善执行检查机制 / 95
用制度规范执行流程 / 98
抓大放小，分清主次 / 100

职责到位，互不干扰 / 103
分工明确，上达下畅 / 105

## 第七章　团队干：打造高执行力团队

执行赢在团队 / 110
赋予员工"军人的天职" / 112
让合适的人干合适的事 / 115
授权，让员工放开干 / 117
工作交代要全面清晰 / 120
给工作一个有效的期限 / 123
提升团队凝聚力 / 126

## 第八章　高效干：有速度才有执行力

不要给自己留"下一次" / 130
趁热打铁，快速行动 / 132
统筹规划，烧水别忘洗菜 / 134
专心致志，才能高效执行 / 136
一分钟要有一分钟的执行 / 139
困难面前不要止步 / 141
正确干事不如巧妙干事 / 143
简化不必要的环节 / 145
高效执行三要素 / 147

## 第九章　积极干：激励提升执行干劲

调整心态，自我激励 / 152
构建完善的激励机制 / 154
恰当奖励，优秀就应有回报 / 157
有效惩罚，犯错就要承担后果 / 160

放权，激发员工执行力 / 162
描绘美好蓝图，给员工一个奔头 / 165
用赞美调动员工积极性 / 167
用升职激发员工执行力 / 169
活用攀比法则 / 172

## 第十章　到位干：干不到位，不如不干

小细节决定大执行力 / 176
不做"差不多先生" / 178
千里之堤，溃于蚁穴 / 181
要做就做最好的那一位 / 184
把执行融入细节中 / 186

## 第十一章　创新干：拥抱变化，快速反应

开拓创新，提升执行力 / 190
执行力与创新力的关系 / 192
以变制变，才是执行王道 / 195
带着疑问去干事 / 197
打破思维定式，在执行中创新 / 200
营造团队中的创新文化 / 202
允许试错，创新可嘉 / 205

**参考文献 / 208**

# 第一章
# 高效执行力，干是根本

高效执行力的关键是什么？明确的目标，可行的方式，合理的流程，还是完善的考核政策？其实，这些都不是关键，实干才是执行力的根本。任何宏大的目标与理想，没有行动，都只能是梦想。

 执行力是干出来的

# 执行力在行动中产生

有人说:"世界上最长的距离是耳朵到脚下的距离。"从执行力的角度理解,意思是说入耳倾听容易,但入脑思考难;入脑思考容易,但入心认真对待难;入心认真对待容易,但行动起来难。

是否开始行动,意味着执行是否开始,也决定着执行的效率。我们常说一万次的心动不如一次行动,一次的行动要胜过千万次的设想。很多时候,我们在确定要做某件事情的时候,总是犹豫不决,思前想后,迟迟不行动,最后不了了之。这样等于你前面所有的设想、构思都是白费,而再次想做的时候,可能为时已晚。

"再长的路只要一步一步坚持走总能达到终点,再短的路你迈不开脚就永远不能到达。"古往今来,客观分析那些成功人士,他们身上都有一个共同特点:对于确定要做的事情,行动迅速。比如,当前互联网行业的一些成功创业者,他们也许没有很高的智商,可能不善于交际,但是却成功了,原因就在于他们有了想法之后,能够快速开启执行模式。

有道是,战略可以复制,差别在于执行。执行力作为多种素质的综合表现,体现的是一种信念,一种力量,一种做事的风格。简而言之,就是摒弃惰性,勇于承担,坚决贯彻,果断行动。

在一百多年前,美国和西班牙剑拔弩张,战争随时都有可能发生。为了战争的胜利,美国必须与古巴起义军领袖加西亚取得联系,但古巴起义

军长久以来一直隐藏在古巴大山深处，没有人知道他们具体驻扎在什么地方，这让当时的美国总统很是烦恼。

最后，美国总统决定写一封信，让一个叫安德鲁·罗文的军人找到古巴起义军将信送给加西亚。罗文接到任务之后，知道这是一项非常困难的任务，但他没有多说一句话，而是无条件执行，当即开始行动。

经历无数的困难，历尽千辛万险，罗文不负众望，终于在规定的时间内将信交到了加西亚手中。也正是因为这封信，美国最终赢得了战争。

军人的天职就是服从命令，罗文做到了，而且发挥到了极致，更创造了奇迹。因为贡献突出，罗文被授予"杰出军人"的称号，当时的美国总统就此事专门发表公开信，称赞罗文的执行力。

面对当年的那种情况，美国高层都觉得这个任务很难完成，只能抱着试试的心态去干，罗文接到这个任务之后必然也有这种想法，看似不可能完成的任务怎么去完成呢？然而，罗文并没有退缩，而是以高度的信念和军人的天职将执行力贯彻于行动中。

对于一个企业也是如此，很多企业在刚开始创业的时候，所制定的发展战略方向基本都是一致的，但最终的结果却很不一样，有的企业最后成功了，有的企业半死不活甚至破产，当然，这其中的原因很多，但有一个很重要的原因就是执行力的问题。执行力强弱，反映了一个企业的管理水平，更体现出企业员工的精神面貌，对企业的发展具有至关重要的影响。

一个企业，无论你现在的市场地位有多高，品牌有多响，发展策略有多周密完善，但如果没有行动，或者某些环节没有执行力，那么一定会日益衰落。

"千里之行，始于足下。不积跬步，无以至千里。"无论是个人还是企业组织，只有真正的行动了，执行才算开始，才有可能实现目标。

（1）什么是执行力？

（2）在你的身上，有哪些事情一直在想却没有行动？

（3）如何理解执行力与成功的关系？

# 机遇偏爱行动者

机遇无影无声，来时不会提醒你，去时不会告知你。机遇需要用行动去把握。当机遇到来时，犹豫不决，患得患失，留下的只会是无尽的自责和惆怅，因为机遇更欣赏有准备的人，更偏爱行动者。

曾记得在一次企业峰会论坛上，一位企业家说过这样一句话："不是因为有希望了才选择去坚持，而是因为坚持了才会有希望！"为什么说机遇偏爱行动者？要解答这个问题，先让我们了解一下什么是机遇。

机遇就是契机、时机或机会，通常可理解为有利的条件和环境，也可以按照字面意思理解为忽然遇到的好运气和机会。一般来说，机遇有一定的时间限制或有效期，一旦错失，就很难再得到。我们可以从两方面来进行诠释：第一，机遇是有利的条件和环境，人人都有趋利的本性，一个人要想成功必须具备天时、地利、人和三个条件，缺一不可；第二，机遇本身也具有时效性，这一特性要求我们必须具有独到的眼光来识别机遇，进而有效地把握机遇。这是我们必须抓住机遇的主要原因。

此外，把握机遇在于行动，如果终日头脑里幻想着自己有朝一日可以坐拥亿万资产，但是却迟迟不敢或不愿意迈出第一步，怠于行动，那么在自己整日的幻想中，机遇已经悄然走过。只有通过不断的实践，想到就要做，才有可能靠近机遇。

记得在2010年左右，我在一家公司任职培训助理。当时，人力资源部通过层层选拔，招聘了一批高校毕业生，入职前对他们进行入职培训，培训地点是公司大会议室。培训开始之前，主管让我把10元、20元、50元不等的纸币藏在入职人员坐的每个椅子下面。当时我很好奇，不知何意。

我的上司是一位工作经验丰富的培训主管，当时是我第一次跟着他做入职培训。培训开始，新入职的员工一排排整齐地坐在凳子上。首先，我做了一个开场白，随后主管走上台，对着新入职员工说"请大家找找你们椅子下面都有啥。"

一些人俯下身子在自己座位下找，有的人找到了10元，有的人找到了50元，有的人什么也没找到。

主管接着说："这些钱谁找到算谁的。"

于是，更多的人开始在椅子下翻找，有些人甚至去别人椅子下寻找。

最后，主管说："坐着不动永远没有机会，只有行动起来才会有机遇，才能赚到钱。"

是的，实践出真知，不行动永远不会有机会，当你觉察或有人告诉你机遇来的时候，行动越早的人成功的机会越大，也就是说，把握机遇的关键点在于行动。

机遇的存在是客观的，没有好坏之分，它不会自己跑到任何人面前，只有人们去发现它，而那些能够发现它的人就是敢于行动的人。比如，"最帅大爷"王德顺在自己不惑之年开始创业，开创了活雕塑的时代，又在70多岁时开始健身，最终在一场时装秀上大放异彩，一夜爆红。诸如此类的例子有很多，研究其背后成功的原因，我们不难发现，他们都是一直在尝试，一直在行动，即使失败了、受打击了，也始终坚信只要行动了，机遇终究有一天会降临到自己身上。

总之，机遇是决定高效执行力的要素之一，同样做一件事情，抓住机遇者与未抓住机遇者最后的结果是迥然不同的。而是否能够抓住机遇的关键在于行动，行动与不行动决定着在机遇到来时，你是否能够看到、抓到及用到。所以说，机遇总是青睐有行动的人，青睐在行动中学习的人，青睐即使经历失败仍勇敢去尝试、去完善、去奋斗、去超越的人。只有在行动中我们才能不断增添勇气，创造奇迹，才会在机遇到来之前做好准备，抓住机遇，提升自己的执行力。

### 思考题

（1）回想一下，你错失了多少机遇？为什么会错失？

（2）在行动之前，你是否总在纠结自己能否成功，做这些事值不值？为什么？

（3）你错失机遇的原因是主观原因还是客观原因？如何修正？

## 梦想毁于"设想"

什么是梦想？梦想是对人生目标的一种规划和期许，是一种可以让我们努力的源动力。有时候，梦想更是一种可以让你即使在困境中也能坚持下去的理由，甚至可以成为一种值得让你一生追求的目标。

相信很多人都曾有过梦想，从小到大，因为梦想，我们脑子里不止一次地出现过很多美好的画面，以及对于未来的美好憧憬。但是在我们逐渐长大的过程中，经常会很遗憾地发现，因为某些原因，比如懒惰拖延、担心失败、害怕别人的嘲笑等等，梦想最终沦为设想，慢慢褪色直至变成空想。

很多人都是从"熊孩子"走过来的，我们肯定听过或经历过这样的事情：上学的时候，因为不好好学习、调皮捣蛋被父母责骂甚至打了一顿，然后信誓旦旦地向父母发誓，一定好好学习，早睡早起，将来考上清华北大，这是很多人当年的梦想。

但后来你会发现，在坚持了一段早睡早起之后，渐渐地，早上不想起床，到学校后该做的卷子一拖再拖，尽管一直在想要好好学习，考上清华北大，但梦想渐渐地变成了设想，最终，很多人的梦想变成了空想。

在实现梦想的道路上，总是有困难阻碍着我们，有些困难甚至是超乎想象的。在这种情况下，有些人受到困难的恐吓，对于困难设想得过大，产生了消极的心态，犯了一个严重的错误——畏首畏尾，举步不前。

一个人在面对梦想时，通常会有两种表现：一种是积极的设想，设想着梦想实现后的状态，想象着自己成功的样子；另一种是消极的表现，总会想着在实现梦想的过程中会有各种困难和险阻，想着自己每天要起早贪黑地奋斗，风吹日晒还要在大街上挨个拜访客户等等。如果后者想法占据一个人的主导地位，就会出现我们前面说到的担忧犹豫，乃至畏首畏尾，举步不前。

造成消极设想的外在因素有很多，比如，亲人总是担心你会失败，害怕你承受不了实现梦想所要承受的困难；还有一些与自己不相干的旁观者，嘲笑、讥讽、挖苦，这些因素会影响你实现梦想的坚定决心，产生消极的设想，阻碍你的行动。

此外，对于梦想，如果我们总是在设想，设想未来有多美好，设想成功了将怎样怎样，而没有实际行动的话，梦想就只能止步于设想，永远也不可能实现。

为此，梦想的实现需要一个积极的心态，以及强大的意识做后盾。如果你很多时候总是在设想，并习惯享受依赖于这种设想，那么你的人生永远也不会有你梦想中辉煌的那一刻，梦想终会被设想终结。

那么，我们如何避免梦想毁于"设想"？

（1）制定梦想，行动第一步：在综合考虑各项因素的情况下，明确自己的人生目标，下定决心。如果你确定要做什么，那就马上行动，不要仅仅是设想，让自己的身体和头脑都紧紧围绕梦想而动。

（2）牢记初心，一路前行：初心是实现梦想的源动力，众多失败的案例表明，绝大多数人在实现梦想的道路上基本上都是因为迷失了方向，不知道自己该往哪里努力，所以，需要记住："不忘初心，方得始终。"

（3）坚持学习，破茧成蝶：在实现梦想的路上除了坚持、努力之外，更为重要的一点就是学习，只有学习才能不断突破瓶颈，提升自我，让自己对负面设想产生免疫，不断向梦想靠近。

（4）以终为始，所向披靡：任何时候都要牢记自己的梦想，坚信自己做的永远都是正确的，坚信自己无论遇到什么困难都能克服，坚信自己一定可以圆满地完成一个又一个自己预定的目标。

### 思考题

（1）回想自己曾有哪些梦想，哪些梦想现在还是设想？

（2）是什么原因造成你的梦想未实现？

（3）是哪些负面设想导致了梦想的破灭？

## 备万事同时借东风

"万事俱备，只欠东风"是我们经常听到的一个典故，这句话的意思是说：所有的事都已准备完毕，只差一个必要条件，事情就成功了。这个典故所阐述的事有一个时间差，就是先备万事，后借东风。然而，今时今日，社会的高速发展和竞争力的提升，倒逼我们要尽可能地去掉这个时间差，从而提高做事的效率以及执行力。

在做一件事情的过程中，先准备然后再找机会与在准备的同时就寻找机会，哪一种效率更高，执行力更强？当然是后者。首先，后者可以极大地缩短做这件事情的时间；其次，在找机会的同时能够有效引导调整准备工作。这就是这里所说的"备万事同时借东风"的理念。

时下短视频的火热让很多实体企业跃跃欲试，有这样一家实体企业，想通过短视频来提升业绩。

客观地说，短视频能否做好有这样几个决定要素：选题策划、文案脚本、拍摄、剪辑和平台，前面四个要素统称内容，内容做好了然后通过平台的助力，就能够达到较好的营销传播效果。在运营的过程中，有些运营者会先选择平台，而后做内容，而有些运营者会先做内容，而后选择平台。今天要说的这家企业运营者就属于后者，来看看他们是怎么做的吧。

该企业花费一个月左右的时间组建了一个视频制作团队，文案、摄像、剪辑、运营等岗位都有，可以说是一个非常正规的视频团队。可是，在做好第一个视频推广的时候发现，由于视频内容与该平台的规则有冲突，被限制了流量，效果并不是很好。然后他们急忙开始调整方向、重新做选题、写文案、拍摄、剪辑，等于把做内容的工作重新又做了一遍，工作效率严重拉低。

如果把做内容比作是备万事，那么平台就是借东风，其实在做内容的同时完全可以先了解各平台规则及风格重心，根据平台的特点，在做内容的同时进行有效调整，这样不但能够保证视频通过率，而且还能够提升工作效率。

执行力是干出来的

从另一个角度讲，我们把东风比作是一种有利的时机，很多企业家就是因为把握这个时机而成功了。比如在二十世纪八十年代初期，改革开放，百废待兴，各行各业都处于起步阶段，俞敏洪创办了新东方，在经营的过程中，寻找时机，开创了教育界社会培训机构的里程碑；马云开启电商事业，同样也是在经营的过程中，而不是在架构完善之后再去寻找时机，继而完善了电商运营的新业态，包括涉足金融领域，等等。

记得在上中学的时候有一篇华罗庚写的文章叫《统筹方法》，讲的是时间高效安排的方式，让人印象深刻，至今记忆犹新。而当我们长大后，在讲执行力的时候，却时常忘记这种理念，致使我们的执行力滞后。

那么，如何在备万事的同时借东风呢？

（1）总览全局，综合分析。前面我们讲到，行动是一个人成功的必要条件，也是执行的开始。在行动的过程中，我们要总览全局，综合分析影响这件事做成的各种要素，明白哪些事情可以同时进行，哪些事情不可以同时进行，然后有效安排。

（2）各环节配合，相辅相成。完成一件事情的过程中，在不影响这个环节完成质量的同时，寻找挖掘影响做成这件事情的其他要素，并积极构建，这样，不但你的执行效果事半功倍，而且能够快速解决你在执行过程中遇到的各种问题。

（3）统筹计划，合理安排先后顺序。一件事情有很多环节组成，哪些环节是必须首先完成的，哪些环节是某环节完成之后才能进行的，哪些环节是所有环节完成之后才能做的，这些我们都要有一个统筹的计划与安排。

## 思考题

（1）什么是统筹方法？

（2）统筹方法与执行力的关系是什么？

## 好项目是干出来的

什么是好项目，好项目是如何形成的？对于一个项目好坏的判定，每个人的标准都是不一样的，总体来说，一个不变的标准就是这个项目得到业界的认可，解决大众的需求，可以让更多的人受益。首先，我们来分析一下影响好项目的主要因素：

（1）需求：有需求就是有市场，一个产品或服务必须同时满足客户、市场、合作伙伴、社会发展等方面的需求，能够满足各方面需求的项目才是我们的首选。

（2）商业模式：当今时代的更新迭代是异常迅猛的，好的商业模式（如何对客户进行细分，怎样建立渠道，如何更好地维护客户关系，盈利模式及自身的核心能力是什么等）是衡量一个项目好坏的标准。

（3）市场竞争程度：有市场就有竞争，好的项目无疑就是挣钱的行业，这就会引起更激烈的竞争，因此，发展好的项目必然要对市场竞争情况有充分的了解，并对于市场竞争有行之有效的应对措施。

（4）行业发展的趋势：造势不如借势，顺势而为的项目一定是能够满足大众需求，能为绝大多数人解决问题的项目，所以发展趋势也是判定一个项目好坏的标准。

那么，满足以上四个要素就可以说是一个好项目吗？当然不是，这只是从表面上看，而要成为真正的好项目还有一个必要因素，那就是干。只有干了，你才能知道这个项目是不是好项目，因为很多项目表面上看非常好，但在干的过程中由于各种突发因素的影响，会发现它可能并不是一个好项目。

执行力是干出来的

突发因素包括市场环境的突变、行业价格的变化等等，另外还有一个非常重要的因素，就是执行者的执行力。执行有很多种方式方法，同一个项目，不同的人干法不同，有些人干成功了，而有些人干失败了，甚至有些人根本没有干，那么，这还能说是一个好项目吗？

所以，对于执行的主体来说，一个项目的好坏，不能单从表面去界定，而要通过干来界定。

为了方便理解，我们把项目用人的一生来做比较。项目形成初期犹如一个新生儿一样，不会走路、不会爬行甚至连吃饭都要依赖别人，需要的是来自方方面面的帮助，但随着时间的推移，在经过一次次的跌倒再爬起的过程后，慢慢学会了爬行、学会了走路、学会了跑步……

当这个婴儿长大成人之后，他到底是好人还是坏人，关键在于父母、老师的教育。也就是说，对于一个婴儿，是不能界定其是好人还是坏人的。将这个道理放在区分项目的好坏上同样适用，项目是没有好坏之分的，起始阶段就如婴儿一样，究竟会发展到哪种程度，会不会是一个好项目，关键就在于项目实施者是否行动了，是否真正付出了，否则一切都是空谈。

选择一个符合市场需求的项目是形成好项目的第一步，而最终形成好项目的关键要素是干，具体我们需要注意以下几点：

（1）好项目不是看的，而是干的。面对一个满足市场需求的好项目，不要犹豫，积极实施，不然它就会变成别人的好项目，而不是你的好项目。

（2）不断完善细节，让好项目更好。在干的过程中，不可敷衍了事，对自己及该项目放低要求，尤其是在一些细节处理上，更不可觉得无关紧要，是否能够做好这些，都是决定它最终是不是你的好项目的关键要素。

### 思考题

（1）在你过去的经历中，遇到过哪些让你后悔没有去干的好项目？

（2）遇到的那些好项目，为什么没有去做？

# 第二章
# 立即干：执行没有借口

　　立即行动能够提高执行的效率，然而，在做的过程中却有很多因素阻碍着我们立即行动，如借口、拖延，让我们的计划迟迟不能实施。其实，几乎每个人都有或多或少的拖延症，那么，我们该如何消除借口，告别拖延，立即干起来呢？

执行力是干出来的

# 成功就是立即行动

所有的成功都是以行动为基础的,将所有的想法或计划付诸行动才有可能变成现实,才会让我们享受到成功带来的美好感受。首先我们思考一下什么是成功?

成功是一个相对的概念,每个人对于成功的定义和标准都存在一定的差异。在一些人看来,有钱、有房、有车是成功的标配,有些人则认为做好一件事就是成功,还有一部分人可能认为世上根本没有所谓的成功,有的只是永无止境的追求。

客观地说,成功必须要和具体的事件相联系,此外,事件必须要有实施的主体,也就是说,主体在做了具体的事件之后所带来的结果,即事件做成之后给我们带来的感觉。结合以上论述,我们不难给成功下个定义:一个特定主体(个人/团队)在做完一件自己一直在追求的事之后所带来的成就感。

因此,在追求成功的道路上,首先要付诸行动,在行动中不断总结和修正,最后达到自己预期的目的,这就是成功,只有行动才能成功。

进一步分析,什么是行动?行动是指为达到某种目的而进行的活动,它与行动力有着密切的联系,行动力是通过持续不断地学习、反思、总结,养成长久的习惯和欲望,从而获取能够为达到成功目的所具有的能力。

从这个层面上说,行动对于要取得成功的意义就很明显了。它要求我们不仅要对成功有一定的预判和规划能力，而且还要能够付诸行动和实践，并且可以在行动中对于出现的问题制定出行之有效的解决方案，经过总结和反思再行动，不断向成功靠近。所以，只有不断提升行动力，提升自己，才能获得成功，才能享受成功带来的兴奋感与满足感。

有人可能会问，立即行动真的就能成功吗？当然，行动也分为有效行动和无效行动，有效行动是指在正确的意识和方向的指导下，不断总结和调整，一直向成功靠近。无效行动指的是偏离目标的活动，显然，无效的行动是难以成功的。

一望无际的大海，有一艘游轮正在行驶，乘客们在船舱里狂欢，突然，好像被什么东西猛烈撞击，船身晃动，乘客们惊慌失色，乱作一团，有的向自己的休息室跑去拿行李，有的向船舷跑去抢救生圈。

拿到东西后，大家纷纷向最上层的甲板跑去，一会儿工夫，大家都集中站在了上层甲板，这才得知，原来船触礁进水了，船舱正在进水。听到此消息后，大家纷纷开始抱怨，有的人说驾驶员技术不好，船长没有经验；有的人说造船厂造的船质量太差，等等。就在大家纷纷抱怨指责的时候，一位乘客高声喊道："我们的命运不是掌握在嘴上，而是掌握在手上，快堵住漏洞！"大家这才醒悟过来，急忙堵住漏洞，游轮这才顺利地开到了岸边。

这个故事告诉我们，只有有效地行动，才能高效地解决问题。那么，如何让我们的行动变得有效起来呢？最为关键的一点就是围绕目标这个中心，凡是背离或与最终目标有冲突的行动均视为无效行动，必须摒弃。因此，立即行动加上以终为始的思考力才是我们取得成功的保证。

明白了成功必要立即行动的理念之后，有效的行动能够让我们更容易成功，最后我们需要做的就是如何提升自己的有效行动力，具体有以下几种方式：

（1）对自身的优势和劣势有一个清晰的认识，做到扬长避短。

（2）依据事情的发展程度和阶段不断对既定目标和自己的行为做出判断。

（3）对自己的行为及言行进行评价。

（4）在实施过程中不断对自己的行为和方法进行监管，检查实施的结果是否和预期相符合。

（5）在遇到各种挫折和困难，对自信心造成一定的打击后，学会自我情绪的有效管理和控制。

总之，只有立即行动才有可能成功，否则，一切都是水中月、镜中花。

### 思考题

（1）立即行动与成功的关系是什么？

（2）什么样的行动才是有效的行动？

（3）回想因为自己拖延而失败的事情，深入分析其中的原因。

## 拿出魄力，不要犹豫

千古一帝秦始皇，凭借自己超凡的魄力，灭六国，统一天下，结束了诸侯纷争的局面。西楚霸王项羽破釜沉舟，为的就是让将士们抱定灭秦的决心，将士们看到主帅有这么大的决心，于是个个奋勇杀敌，终灭秦。汉高祖刘邦做事果断，不拘一格任用大将，最终开创了大汉朝的统治。

诸如此类的名人事例数不胜数，通过研究这些古人的事迹，我们不难发现，他们身上都有一种魄力，一种面对事情毫不犹豫、果断处理的魄力，正是这种魄力成就了他们。而有的人就是因为优柔寡断，前怕狼后怕虎，犹豫不决，最终导致大好时机白白流失，空留一生遗憾。

谁都想要做一个有魄力的人，都不想庸庸碌碌过完平凡的一生，那么，如何才能成为一个有魄力的人？

魄力就是一个人面对问题时，所表现出来的处理问题以及对待问题的作风、态度及行为，这种态度及行为往往决定着一个人是否能够发挥出自己的主观能动性，也就是说在面对问题时，是否能够快速地做出选择，还是会拖延、犹豫。此外，还体现了一个人"泰山崩于前而色不变"的从容以及处理问题时的干练风格，所以，魄力是一个人人格魅力的重要表现。

和有魄力相反的一个表现就是犹豫，犹豫即迟疑，做事情没有主见，凡事不敢下决定，唯唯诺诺，对于事情没有自己的见解与想法。通常的表现是像墙头草一样随风摇摆，面对选择自己不敢做主，导致执行力极度低下。

有魄力的人的一个显著特征就是对于时机的把握精准程度以及预判能力比较高。所谓"时不我待"，时机稍纵即逝，时机的出现与消逝是客观的，不会以人的意志为转移。有魄力的人在时机到来之前都会做充分的准备，当机会到来时会毫不犹豫地抓住它、把握它、利用它。

那么，如何成为一个有魄力的人，并通过魄力提升自己的执行力呢？具体有以下几个方面：

（1）专业知识：知识是决定一个人能否成功的一个必要条件，一个人知识的储备量决定着是否能对出现的问题做出准确判断，以及能否及时有效地解决。

（2）先天性格：有句话叫性格决定命运，这句话虽然并不准确，但却有一定的道理，不同性格的人处事的方式不同，比如内向性格的人相对于外向性格的人来说，抉择往往更容易犹豫不决，因此，有意识地培养良好积极的性格，有助于自我魄力的提升。

一颗珍珠能否闪闪发光靠的不是别人的涂抹，而在于自己能否经过千锤百炼，借助沙子的打磨，不断磨平自己的棱角。同样，一个人要想让自己的执行力更强，既要具备必要的相关知识，更要培养自己良好的性格，从而体现出做事毫不犹豫的魄力。

### 思考题

（1）回想自己曾在哪些问题上犹豫不决，原因是什么？

（2）分析自己的性格是否影响了自己的魄力，魄力该如何培养？

## 借口是失败的根源

失败是指某件事情完成后没有达到预期的目的，也可以理解为被对手打败。失败的原因有内在和外在之分，一种是外在原因，比如竞争对手采用某些方法打败了自己；另一种是内在原因，即自己的原因，比如抉择错误、操作不当、执行失误等，其中最常见的一个原因是自己给自己设限，在做事的过程中想象出各种各样的问题或困难，并且无限放大，从而出现怠慢心态，最终失败或放弃。

很多时候，这种现象是借口的典型表现。比如近期比较火的一个广告，有人叫你去跑步，他马上拿起书，且是倒着拿的，说自己要看书；故意把鞋藏起来说自己没有鞋等等。

他叫胡闻俊，是地地道道的四川人，初中毕业后便外出打工，1997年的时候，他在一家房地产公司做发单员，底薪300元，老板告诉他"不找借口找方法，胜任才是硬道理"。上班后，他积极努力，每天早上6点出门，晚上12点才回到家。因为努力，老板提拔他做业务员，这个岗位只要卖出房子，就可以拿到可观的提成。他依然非常努力地工作，可是两个月过去了，业绩为零。他默默告诉自己"不找借口找方法，胜任才是硬道理"。

终于有一天，有客户来主动找他，可是，由于不善于社交，不知道跟客户怎么谈，面对客户手心冒汗，最后，只能眼睁睁看着客户走掉。他给自己鼓劲"不找借口找方法，胜任才是硬道理"。开始主动找人沟通交流，锻炼自己的交际能力。

在不懈的努力下，他开张了，每月能够卖出一两套房，但是依然是公司较差的那种。1998年，公司采取末位淘汰制，他处在被淘汰的边缘。为了进一步提升销售经验，当经验丰富的业务员跟客户交流时，他就坐在旁边认真地听，看他们如何介绍楼盘，如何拉近与客户的距离，随后，他的业绩开始稳步上升。

后来，他一个季度的销售额达到了6000万元，名列公司销售第一，并晋升为销售总监。但在1999年的最后一个季度，因为业绩垫底，他被撤职了。但他没有灰心，心想，自己被淘汰是自己能力还不够，从哪里跌倒就要从哪里爬起来。

2003年，通过努力，他又拿到了公司销售业绩第一，再次当上了销售总监，随后一段时间，他所带领的团队业绩一直名列前茅，个人收入每年都在100万元以上。

俗话说办法总比困难多，一个执行力强的人，会找到各种方法来解决自己遇到的困难或问题，而不是找借口敷衍。

为什么说借口是失败的根源呢？借口不是事实，它是人们在行动之前或在行动之中臆想或刻意制造出来的，是一种错误的意识行为，哲学上讲到物质决定意识，意识可以反作用于物质，放在现实生活中，我们可以将物质理解为日常的行为活动，即客观的世界；意识则有正反两方面，正确的意识可以有效地指导人们选择正确的路，对遇到的困难或问题能够想尽办法去解决；相反地，错误的意识我们可以理解为借口，借口会成为你通往成功之路上的绊脚石，让你裹足不前，直至失败。

借口可以让选择失败的人暂时躲开问题和责任，能够获得短暂的心理安慰，但是因果联系的必然性决定暂时的逃避会带来日后更高的代价。网上有句话是这样的："你现在的样子或状态是由你三年前的选择决定的！"所以，你现在是失败还是成功都源自你之前做事是选择踏实行动坚持到底，还是寻找千百种原因为失败找借口。

当找借口成为一种习惯，就会形成恶性循环，它会如温水煮青蛙一样慢慢吞噬你不断突破、尝试的热情。一个具有创新精神的人一旦开始为自己的不作为、不行动找借口，那么，这会像洪水泛滥一样一发不可收拾。

对于一个人的行为来说，找借口会让你慢慢养成办事拖延不进取的习惯，找借口会让你慢慢变成一个循规守旧的人，找借口会让你失去对生活的热情，会让失败的标签一直贴在你身上。

既然我们知道了找借口是导致失败的根源，也清楚知道找借口会带来怎样的后果，那么，我们要采取哪些措施才能规避这种消极后果的出现呢？

（1）摆脱惰性，拒绝拖延：从人性角度出发，人人都是懒惰的，这是无可厚非的，因此，我们要尊重人性，在认识到这一点的基础上，我们要分析一个人真正懒惰的根源在哪里？其实是自信心不够，没有足够的经验。所以，请立即行动，在行动中去增添勇气和经验。

（2）坚定信念，勇敢承担责任：一个人成就的大小与其对待事情的态度以及能帮助多少人成功是密不可分的。因此，在日常的行动中要时刻拥有责任意识，用积极的态度来应对出现的各种问题。

（3）忠于自己所做的事：对自己所从事的职业要保持极高的信仰度，坚信自己所做的就是正确的，坚信终有一天会成功。另外，还要对身边的团队给予足够的信任与支持，因为事在人为，团队成员如果没有一致的目标，是成不了大事的。

（4）采用倒推法：找借口是因为无限放大成功路上遇到的困难和问题，是因为缺少足够的经验和一个沟通无障碍的团队。因此，在确定目标前，采用倒推法明确自己达到的最终目标是什么，倒推一下自己每年、每季度、每月、每周甚至于每日应该做哪些工作，将细节做到极致。另外，目标制定了就要进行团队之间的配合与沟通，做到上传下达以及同级部门之间工作的协调。

 **思考题**

（1）找借口的危害有哪些？
（2）借口与失败的关系是什么？
（3）结合自身，列举避免找借口的方法。

## 绝对服从，理由先放一边

一支有战斗力且经常打胜仗的军队，其士兵一定是有着绝对服从精神的，所谓"令行禁止"，说的就是一个军队的命令一定要无条件执行，同样地，颁布禁令也要绝对地服从。历史上著名的岳家军、杨家将、戚家军等等，无一不是有着绝对服从精神的军队。一个军队之所以能打胜仗，且战无不胜，其中一个原因就是士兵和将帅必须目标一致，心往一处想，劲往一处使。

这种绝对服从、没有理由的执行精神，放在社会中对于一个人或团队依然非常重要，是一个人或团队彰显执行力的重要因素。

詹妮小姐是一家公司的打字员，一个周五的下午，同楼层的一位经理走过来问她，现在哪里能找到一位打字员，他必须马上找到一位打字员，否则没法儿完成当天的工作。

詹妮告诉他，公司所有的打字员都已经度周末去了，三分钟后，自己也将离开。经理希望詹妮留下来帮助自己完成工作，詹妮没有丝毫犹豫便答应了，帮助这位经理完成了当天的工作。

事后，经理问詹妮要多少加班费。詹妮开玩笑地说："本来不要加班费的，但你耽误了我看演唱会。那可值五百美金呢，你就付我五百美金吧。"

詹妮以为事情就这样过去了，丝毫没有放在心上。但三个礼拜后，她接到了一个信封，是那位经理让人送过来的。里面除了五百美金，还有一封邀请函，经理请詹妮做自己的秘书，经理在信中表示："一个宁可放弃看演唱会的机会而工作的人，应该得到更重要的工作。"

詹妮小姐其实完全可以以实相告，自己要看演唱会，票都买好了。但她选择了服从经理的安排，以工作为重。

对于我们大多数人来说，要想做到绝对服从，就必须要明白绝对服从的源头是什么，为什么要绝对服从？

绝对服从源于对所坚持事业的绝对相信，是对于上级领导及制定政策的绝对信任，这种相信及信任体现在个人身上就是高效的执行力，这是绝对服从的源头。

在一个企业或团队里，通常都有一套完整的管理体系，有严格的管理机制和监督机制。如果某些员工对于有些规定不服从，或者懈怠服从，那么，势必会造成整个团队的不团结，企业的发展将会受限，团队执行力也无从谈起，对于来自外界的竞争更是毫无招架之力，最终影响整个团队目标的达成。对于个人来说，因为没有绝对服从团队的命令，极有可能导致自己工作的拖延及失败，影响自己的职业生涯。

服从的程度决定着一个团队执行力的高低。那么，既然服从对于个人或企业有着如此重大的作用，究竟如何做才能培养自己绝对服从的品质呢？

（1）对于领导指令坚决服从。找理由是影响绝对服从的主要因素，一个指令只有在实施后才能知道真正的结果如何，所以，我们不妨先放下理由，执行之后再看情况。对于领导的指令，如果还没有真正执行或实施时就对方案或指令挑肥拣瘦，抗命不遵，带着成见去行动，如此这般，便会降低自己的执行力度，影响整个团队的发展。所以，在执行的过程中要做到对指令的绝对信任。

（2）爱岗敬业，树立强烈的事业心。试想一下，如果一个员工对自己的工作持有一种排斥或怀疑的态度，厌烦自己每天所从事的工作或事业，那么服从、执行力自然会变得很弱。因此，我们必须要做到对于自己所从事的事业或工作高度热爱，只有真正投入进去了才能真正做到服从和执行，也只有在执行中才能不断提升自己的能力，不断改进自己的工作方法和态度。

（3）把绝对服从培养成一种习惯。当你形成绝对服从的习惯之后，理由就会变得无足轻重，你会把行动放在首位。很多团队成员执行力差，原因之一就是对团队做出的决策产生怀疑，不习惯服从，导致错失时机，甚至拖了团队发展的后腿。

绝对服从在某种意义上讲就是一种美德，是成就优秀企业和卓越员工的一项基本要求，是一种自动自发的工作品质，所以，行动起来吧，理由先放一边，你会得到更多。

**思考题**

（1）回想自己那些没有绝对服从的经历并分析原因。
（2）影响绝对服从的客观因素有哪些？
（3）个人心态对绝对服从的作用是什么？

# 错过往往源于拖延

在一个团队中，对于管理层制定的方案或命令延期执行，往往会使我们错过一些重要的机会，乃至与成功擦肩而过。对于个人来说亦是如此，有一本书叫《你为什么总是错过》，其中写道："错过，并不是因为你没有能力，而是因为拖延错失了时机。"的确如此，我们每个人都错过很多美好的事物，导致事后后悔，主要就是因为拖延而与时机擦肩而过。

时机具有时效性，一旦错过将很难弥补，拖延的主要特征就是对于要做的事情或方案采取消极的态度，不积极行动，甚至消磨时间，导致自己与时机似乎一直无缘，甚至让自己一生碌碌无为。

拖延，我们可以拆开来理解，"拖"即拖拉，"延"即延迟的意思。完整地来理解就是在完成一项工作时有意识地或者故意地推迟，致使任务无法按规定时间或期限完成的行为。

一项针对当代人的调查显示，大约有68%的人怀疑自己有拖延的习惯，有近46%的人觉得自己一直处于一种拖延的状态。这种状态长此以往，会产生一种恶性循环，严重的话甚至会对个体的身心健康带来伤害，诸如自责、负罪感、自我否定、自卑感，并且还会伴有焦虑症、抑郁症甚至是厌世的心理问题。当然，最为重要的就是执行力的下降。因此，我们要先对拖延所造成的不利因素有一个清晰的认识：

（1）经常性的拖延会产生心理障碍。因为经常拖延会让你不断否定自我，进而产生自卑的心理，长期如此，对一个人的精神产生很大的影响，甚至错误地认为是得了病。

（2）拖延产生自我怀疑。当自己所有的事情都不能按时完成时，时间久了会对自己能力产生怀疑，不自信，更不愿意去全身心地投入行动中，致使失去更多的机会，执行力快速下降。

（3）拖延影响人脉关系。当你经常因为拖延，给他人造成不便时，周围的人就会慢慢远离你，不信任你，久而久之，你就会变得孤单无助，甚至出现心理方面的问题。

（4）长期拖延会造成更加自我。有时候之所以拖延，是因为有自己的想法，犹豫不定，或者对所要做的事情没有兴趣。久而久之，会变得更加自我，什么事情都以自我为中心。

以上因素都会导致一个结果，那就是错过，比如错过贵人、错过机会、错过缘分等等。而天下没有后悔药，要改变错过，首先要改变拖延，不断提高执行力，在行动中消灭拖延症，具体步骤如下：

（1）制订计划。在做一件事情之前，先制订一个专门的计划表，明确自己计划用多久来做这件事，然后细分到年、季、月、周甚至是日工作安排。

（2）细分计划。对于细化到每天的工作，进一步明确每个时段具体要干什么，且务必要做到让自己强制性地执行。如果当天没有完成，需重新计划在第二天完成当天工作的同时，如何再完成头一天的工作。

（3）分解任务。在分解任务的基础上，要对任务的轻重缓急进行分类，先做什么事，后做什么事，要有一个明确的认知。

要想改掉拖延症，养成一个好的习惯至关重要，所以，克服拖延的一个重要法宝就是要学会坚持。试着从一件小事做起，慢慢改掉自己懒惰的习惯。那么，你的错过就会减少，执行力便会提升。

### 思考题

（1）回想自己错过机会的原因是什么？
（2）拖延的危害有哪些？
（3）结合自身，想想如何才能改变自身拖延的问题？

## 克服惰性，今日事今日毕

明代有一位叫文嘉的大学士在其所作的《今日歌》里曾写道："今日复今日，今日何其少！今日又不为，此事何时了？"这是一首警世恒言，告诫人们要想成功就要做到今日事今日毕，无论遇到多大困难都要按照制订的计划，将当日要完成的事情做完，不能一直往后推。如果不能做到这一点，那么问题会一直存在，并且会日积月累，长此以往，会积累成大问题集中爆发，届时，再去弥补将会很难！

那么，问题来了，为什么绝大多数人都做不到今日事今日毕呢？

最重要的一个原因就是自身的惰性导致的。惰性，在一定程度上我们可以理解为是由于个人主观原因对于既定目标的行动无法按预期执行的心理状态，这种状态人皆有之。惰性是人的本性，这一点我们需要承认。

因为满足于现状，所以不愿意去改变，所以形成了懒惰，但从长远角度出发，它所带来的是无休止的烦恼，会让你意志消沉，会慢慢压缩你的人脉，也会对个人的心态产生影响。比如没有进取心，没有积极的心态等等。对于之前打算好的事情一直拖延，行动缓慢，做事情提不起兴趣。最终的结果就是事事都比人家慢一步，跟不上节奏，执行力严重下降。

但是，懒惰是可以改变的，虽然说懒惰是一个人内心深处的本性，但是，当我们能够看清楚事情的本质，端正自身的心态后，懒惰心理就会消减。环顾当下生活，有很多人的心理被懒惰所吞噬，这使得他们无法看清楚事情的本质，对于别人的成功总认为是对方运气好，对方比较幸运，显然，这种思想是严重错误的，是一种唯心主义观点。看看我们身边那些事业有成、业绩突出、家庭富裕的人，无不是因为勤奋努力获得的。因为勤奋，他们行动迅速，并在行动中获得许多宝贵的知识、经验、机遇，甚至是财富。

另外，有惰性的人一定不是一个懂得坚持的人，做事经常会半途而废，在行动的过程中，遇到一时无法解决的困难便开始消极地等待，甚至幻想着问题会自行解决，这样的状态最终只能是失败。

一分耕耘，一分收获。只要克服懒惰，立即干，每个人都会有回报，甚至说都可以成功。比如药品坤凡纳明的发明者欧立希，在失败了几百次后成功了；《资本论》的作者马克思，在经过40多年的努力后圆满完成作品；杂交水稻之父袁隆平，在经过不懈的努力后培育出了让国人骄傲的种子……类似的事情还有很多很多，从他们的身上我们都可以看到勤奋、坚持、努力形成的高效执行力。

在上小学的时候，我们学习过一个成语叫"守株待兔"，今天我们来重温一下这个故事：

在宋国有个农夫正在地里干活，突然，一只兔子从旁边的草丛里窜了出来，慌慌张张地撞在了田埂边的一棵树上，倒地不动了。

## 执行力是干出来的

农夫看到这一切后有点懵,一时搞不清啥状况,缓过神来,他放下手中的农具,慢慢向兔子走近,仔细确认发现,这只兔子脖子撞断,已经死了。

农夫拿起兔子高兴极了,心想,自己不花一点力气,就可以白白捡一只兔子,真是太好了,如果以后每天都能够捡一只兔子,那么就可以不用干农活了。农夫越想越幸福,他的好日子就要开始了。

从此之后,他每天蹲在树下等待兔子撞树上,然后拿回去吃。可是,等了一天又一天,很长时间过去了,他再也没捡到撞死在树上的兔子,而他的田地已经全部荒芜。

这便是我们熟知的守株待兔的故事,这位农夫的主要问题是懒惰,因而导致了田地荒芜。

显然,懒惰的危害非常大,会大大降低我们的执行力,所以要想做到今日事今日毕,就必须克服惰性,具体需要注意以下几个方面:

(1)调整心态,明白懒惰的危害。很多人之所以会被懒惰所拖累,原因之一就是没有深入认识到懒惰的危害,觉得懒一次两次无所谓,今天的事明天再做不影响。表面看的确没什么大的影响,但是会滋生非常糟糕的消极心态,所以,保持积极向上的心态对于克服懒惰非常重要。

(2)将事情与兴趣相结合。每个人的兴趣不同,但是,无论做什么事情,我们都可以在其中寻找到自己感兴趣的部分。比如你很厌烦做表格,但是你可能对数据感兴趣,这就是关键点,抓住这个兴趣,从而促进整个事情的高效完成。

(3)制定具体可行的目标。对于一个人来说,目标只有具体可行,我们才有希望、有动力去完成它,才不会被懒惰的心理所占据。当完成一个小目标后,才会激起我们完成下一个目标的热情。所以,不妨多设一些具体可行的目标,培养出积极的心态和良好的自信心,这样非常有利于提升自身执行力。

（4）懂得自我监督。懂得自我检查，它是高效坚定完成目标的重要因素。比如每天检查自己的完成情况，并进行分析，自我评价，吸取经验，弥补不足，假以时日，懒惰就会被克服，执行力就会提升。

（5）加强时间管理。时间对于每一个人都是公平的，所以要对时间进行精细化的管理。对于自己在具体时间段的有效行动进行细分，争取让单位时间的价值得到充分、有效的利用。

**思考题**

（1）回想今天的事情做完了吗，为什么？
（2）寻找让自己懒惰的因素。
（3）结合自身说明，克服懒惰的方法有哪些？

## 有问题不推诿，先解决

在个人和企业发展的过程中，会遇到很多问题，而当问题出现后，尤其是在企业中，员工与员工、部门与部门、上级与员工、部门与员工之间，经常会出现推诿现象。具体表现是该自己办的不办，然后推给别人，在某些问题上，无休止、无原则地争辩纠缠，各说各的理，各说各的原因，导致问题长久得不到解决。

小杨从一家公司辞职在家待了一个月左右后，应聘到了某医疗公司做企业文化工作。为把企业文化做好，小杨策划了一个专题，在操作的过程中，需要一些照片资料。

于是，他去找人事部询问，希望可以从他们那里得到一些素材，而人事部领导说，这个不是我们管的，你找商务中心问问。

随后，他便去商务中心咨询，商务中心领导说，这个不是我们部门的职责，你去找市场部吧……

就这样，小杨找了一圈下来，依然没有找到他所需要的资料，这个专题项目就被耽搁了下来。

深入分析发现，面对问题，不同的主体会做出不同的反应，一些人会觉得解决起来太麻烦，然后推给别人或其他部门；有些人，虽然觉得这些问题并不是自己负责，但却会当作一个很好的机会，主动参与解决。对于企业来说，也会出现以上情况，尤其是部门与部门之间，当面对某些问题时，有些部门会推给其他部门，而有些部门会积极参与协调解决。对于前者的行为，我们称之为"踢皮球"。显然，这种情况的出现，会严重制约执行力的发挥，此外还会破坏员工之间的关系。而后者就是一种积极行为，往往更能赢得人们的青睐，执行力更高。

问题出现了不可怕，可怕的是在问题出现后对待问题消极的态度。所谓态度决定高度，对于出现的问题，首先应该想方设法去解决，而不是将存在的问题像个皮球一样踢来踢去。一方面，"踢皮球"式处理方式解决不了任何问题；另一方面，精力时间浪费的同时，执行力也会严重下降。

在一个企业中，作为个人，我们要明白：在其位尽其责，不尽其责就离位，这是天经地义的事情。团队工作的重点就是沟通协调，从而形成高效的机制，推动整体工作前行，继而打造一流执行力。对于一些小企业来说，也许管理机制还不是很健全，部门、个人职责还不是很清楚，岗责还不是很明确，在这种情况下，极容易出现推诿扯皮现象。作为我们个人，要有强烈的岗位责任心，不能因为公司机制问题就对自己的职责不清楚，有些事情看似是自己的职责，看似又不是，不能因为这样就可以不理不问，推诿扯皮，而是要以公司整体发展为重，以责任心为先，面对问题，深入分析思考，是自己的职责，尽快着手解决，不是自己的问题，协调解决，从而提高工作效率。

在企业中，造成推诿扯皮现象的主要原因有这样几点：

（1）职责不明、分工不清。也许是企业机制的问题，也许是个人理解的问题，对于有些问题很多人不知道是不是自己负责，然后就推给他人或其他部门。

（2）工作效率低。因为自己工作效率低，自己的工作不能全部完成，所以借故推诿，来作为自己未完成工作的理由。

（3）责罚机制不健全。出现问题没有相关制度责罚，导致一些个人或部门产生了侥幸心理，而后便是肆意妄为地推诿，不想做的事情说不做就不做。

针对以上造成推诿的三个原因，我们便可以找到解决推诿现象的方法，具体有以下几点：

（1）敢于担当，尽职尽责。如果你工作能力一般，没关系，但你需要有工作责任，责任胜于能力，这是工作的基本法则，对工作负责就是对自己负责。因此，在明白自己岗位职责的同时，要有敢于担当的精神，对于自己的职责，做到不推脱、不敷衍，尽到自己该尽的责任。

（2）不揽事但不怕事。在遇到一些难以处理的事情后，人往往会产生胆怯的心理，这时，为了维护自己的尊严、面子或其他利益，非常容易出现推诿的现象。从执行力的角度讲，这是态度不端正的表现。为此，我们要树立端正的执行态度，不揽事，但也不怕事，树立大局意识，是自己的职责，勇敢地去面对。

（3）提高自身工作能力。没有较强的工作能力，就很难按照要求完成工作，不能保质保量地完成工作，就容易产生推诿现象。所以，我们要加

执行力是干出来的

强自身的学习，不断提高自己的工作技能，拓展思维，注重新鲜事物的吸收，这样也可以避免推诿现象的产生。

推诿造成工作低效，扯皮导致执行力下降，这种陋习轻则造成工作失误或者失败，重则造成自身素养降低，团队目标难以实现。如果一个团队推诿现象普遍，那么，这个团队势必会在竞争中输给竞争对手；如果一个人经常推诿，那么，这个人势必会出现想干事但干不成事的矛盾现象。

**思考题**

（1）在你的生活及工作中，是否有推诿行为？
（2）造成推诿的原因有哪些，如何解决？
（3）推诿的危害有哪些？

# 面对问题调整思路，有序解决

朋友要去北京会见一位重要客户，时间定好了，但是车票没有买到，然后给我打电话让我帮他想办法，在电话中着急地对我说："你说这可咋办啊，如果今天到不了北京，这个客户极有可能会丢失，而且这个客户是领导专门交代的，如果这个客户丢失，领导对我的信任度肯定会降低，还会给公司带来损失……"

他在电话中给我说了半天，说的都是买不到车票造成的结果，最后我不得不打断他说："你刚才说了这么多有什么用呢，问题能解决吗？"

他说："不能，但是我着急啊！"

我说："你现在面对的只有一个问题，买到车票去北京，其他的问题并没有发生，不要给自己徒增烦恼，全身心地解决这一个问题就好。"

我这个朋友面对问题时，显然犯了和很多人一样的错误，不是着眼立刻解决眼前的问题，而是将更多的精力放在了眼前的问题即将带来的没有发生的结果上，这样，必然会影响解决眼前问题的效率。

事实上，只要解决了眼前的问题，后面的问题根本就不会发生。当然，未雨绸缪没有错，做好应对问题的准备是对的，但是，不要将太多的精力、时间放在未发生的问题上，这是一种执行力的浪费。

这里跟大家分享一个运用逻辑来找到解决问题的办法，简单有效，具体的操作步骤有以下几点：

（1）首先对存在的问题采用倒推法进行定义，找出问题出现的真正症结在哪里。举例来说，在你开车去上班的路上，车子突然熄火，无法进行二次发动，而周边又没有修理站以及可以寻求帮助的人，而你是一个新手，对于汽车的操作原理又不清楚。此时，如果无法及时发动车子，你就要上班迟到，上班迟到了就会出现扣工资、影响老板对你的印象等问题。但是追根溯源，问题只有一个，那就是车子无法发动。所以，我们在定义问题的时候，对于外在因素可以选择暂时不考虑，集中精力在引起问题产生的根本原因上寻找解决办法。

（2）制订一个针对问题症结的详细计划。切实可行的计划对于任何问题的解决都是相当重要的，同时也是保证问题能尽快得到解决的关键所在。以上面的汽车熄火为例，那就是通过各种方式找到解决汽车无法发动的原因，如果无法解决，选择替代方式。这个计划可以将所有问题化简成更容易解决的小问题。

（3）实施这个计划。延续上面的例子，车子无法再次发动的原因有：油量、电池、起动机等，按照计划进行操作，如无法解决便实行替代方式，按照计划执行即可。

（4）对实施步骤进行评估。在实施的过程中，对每一步进行评估，比如没油了，为什么会没油，是自己忘记加油了，还是漏油了？从而进一步解决。

（5）对计划实施结果进行评估。计划实施结束后，只有两种结果，解决和未解决。如果解决了，总结经验教训，避免下次再出现；如果未解决，寻找问题发生的原因以及没有解决的原因，避免下次遇到同样的问题，并思考解决问题的其他方案。

很多时候人们在面对问题时，并不是真的想要推诿，不去选择解决，而是不知道如何解决，对于出现的问题没有正确的解决思路。其实，问题出现了，消极的等待是无法解决任何问题的，一定要付诸行动，而且是要立即行动，积极有序地寻找解决问题的方法。

### 思考题

（1）高效解决问题的思路是什么？
（2）面对问题，你首先该怎么做？
（3）追根溯源解决问题的理念是什么？

# 与执行力强的人为伍

执行力按照执行主体来分，可以分为个人执行力和团队执行力。个人执行力指的是作为单一个体的个人，将上层领导制定的政策或想法付诸行动，并将行动转化为结果的能力。团队执行力指的是若干个体组成的一个团队，将上级的决策保质保量地执行并达到预期效益的能力，团队执行力是一个整体的概念，外在表现为一个整体的战斗力、竞争力和凝聚力。

无论是个人执行力还是团队执行力，执行力都是在完成目标的过程中所锻炼出来的能力。执行力对于企业发展或者个人成长都是至关重要的。

俗话说："物以类聚，人以群分。"讲的就是你是什么样的人就会吸引什么样的人来到你的身边。还有一句话叫"近朱者赤，近墨者黑"，讲的是你身边是什么样的人，你也会慢慢变成和周边人同样的状态。同样，我们要提升自己的执行力，就应该与执行力强的人为伍，并与他们保持紧密的沟通与联系。与此同时，还要远离那些拖你后腿、总是喜欢拖延的人，要学会给自己的朋友圈做减法。

"昔孟母，择邻处"的故事讲的是孟子在小的时候，家住在一个墓地附近，经常有人在那里跪哭，尤其是清明时节，而孟子和小伙伴也会跟着去学。孟母觉得这样对孩子成长不好，于是决定搬家，他们搬到了镇上集市边上。而过了一段时间后，孟母发现孟子和小伙伴们一起学习做生意了，不好好学习，孟母觉得这个环境对孩子的学习有很大的影响。于是又决定搬家。他们搬到了学校附近，在这里，周边的孩子都非常喜欢读书，渐渐地，孟子也和周边的孩子一样喜欢上了学习，后来成为了著名文学家。

这便是影响力。同样的道理，如果你经常和执行力强的人在一起，你的执行力就会变强，相反，你和拖延症严重的人在一起，你就会变得做事拖拉。

同样，如果你是一个办事拖延的人，经常与执行力强的人在一起，他们会带动你积极行动起来，慢慢养成执行力强的好习惯。如果你是一个有较强执行力的人，那么结识更多执行力强的人扩大你的朋友圈，就会产生 1+1>2 的效果。

执行力是干出来的

从哲学的角度讲，事情的发展是由内因和外因两个方面促成的，与执行力强的人为伍会影响我们自身内因的变化，自身的执行力将得到提升，但内因的改变并非想象的那么简单，具体有以下几个方面需要注意：

（1）态度决定高度。首先要将心态摆正，一方面，有些执行力强的人可能不愿意与你为伍，原因有很多，也许是对方的原因，也许是自身的原因。如果是对方的原因，不怪怨、不放弃，如果是自身的原因，改变自己，让对方喜欢和你为伍；另一方面，你也可能不稀罕与执行力高的人为伍，这种态度是极其偏执的，也许你清高或者自傲，但我们要明白，这些都会影响自身执行力的提升。为此，放下身段，向执行力强的人学习，并与他们为伍，这才是提升执行力正确的态度。

（2）在意识上足够重视，有意向对方靠拢。很多人都谈过恋爱，面对自己喜欢的异性，你的表现是什么呢？当然是想尽一切办法向对方靠近，比如搭讪、找借口等等。同样，对于一些执行力强的人，我们也要发扬这种精神，极力地向对方靠近，让对方认可接受你，和对方成为朋友。总之，要重视那些执行力强的人。

（3）学习对方优势，为自己所用。和执行力强的人成为朋友之后，不能忘记了自己的使命和靠近对方的目的。你需要学习的是对方高效执行力的技巧并为己所用，这是最重要的一点，切不可忘记。

### 思考题

（1）自己身边有执行力强的人吗，与他们的关系如何？

（2）与执行力强的人为伍，对自己来说有障碍吗？

（3）结合自己，谈谈靠近执行力强的人的方法有哪些？

# 第三章
# 勇敢干：打破束缚手脚的"万一"

担心、害怕是束缚执行力的毒瘤之一，我们总是担心"万一……""如果……"在这样的担心中，我们的行动总是慢人一步，与荣耀、成功擦肩而过。所以，我们需要调整心态，放下担心与害怕，打破束缚，勇敢干。

执行力是干出来的

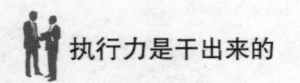

## 走出阴影，勇敢行动

近年来有个很火的相声演员叫岳云鹏，经常出现在各大卫视的综艺节目以及真人秀节目里，而且还连续几年出现在央视春晚的舞台上，可谓是新一代年轻相声演员的代表。但是，了解过岳云鹏以往经历的人都知道，小岳岳也有着很坎坷的经历，十几岁刚到北京时只是做一些类似于保安、服务员的工作。

在一个访谈节目里，岳云鹏吐露了自己起初做服务员时所遭遇的一件让他终生难忘的事情：有一天饭店生意比较忙，当班的服务员比较少，一忙就容易出错，导致给客人的菜上错了，客户当场破口大骂，岳云鹏接连道歉，可是客户依然不依不饶，甚至老板来道歉也无济于事，强烈要求开除岳云鹏才肯罢休。无奈之下，饭店老板只好答应客户的要求开除了岳云鹏。

这件事情给年轻的岳云鹏带来了极大的创伤，在心里留下了很深的阴影，致使后来很长一段时间都无法走出来，来到德云社也是很长一段时间都处在一个很消沉的状态。

自己曾经的经历加上当前的竞争状态让他很沉重，陷入了极大的痛苦之中。后来，在师父及亲朋好友的开导下，他直面自己内心的恐惧，勇敢行动，坚持每天的基础训练，并且坚信只要自己每天努力，终有一天会得到回报。

通过坚持不懈的努力，小岳岳做到了，不仅站在了德云社剧场的舞台上，而且还办了个人的商演专场，登上了各大卫视的节目，更是成为春晚的常客，自然也得到了观众和业界的广泛认可。

"欲戴其冠，必承其重。"这句古语意思是说，一个人要想享受成功带来的兴奋与喜悦，就必须付出与事业带来的成就感同等价值的努力，就必须能承受来自方方面面的压力与困难。在实现成功的路上一定会遭遇因困难而带来的心理方面的打击，所有这些都有可能为你带来心理阴影，有可能会让你一蹶不振，有可能再增加一点点压力就成为压倒你的最后一根稻草。

在你感到迷茫，感觉无法走出自己的心理阴影时，勇敢地迈出第一步，积极的行动会让问题慢慢得到解决。蓝天固然是美丽的，但也有阴云的一面，它不会因为一时的阴云而愁眉不展，依旧笑对太阳，在阳光的照射下放射出美丽的七色彩虹。

人生在世，肯定不会顺顺利利的。漫漫人生路总会遇到各种各样的挫折和挑战。如果因为暂时的困难给自己造成心理阴影，犹犹豫豫，裹足不前，对未来的生活失去信心，那么，你就可能直接被定义为"懦夫"。

成功的人生就是在失败中总结经验，然后再拿出勇气，立即行动。人生路是坎坷的，每一个立志于创造一番事业的人都是摔倒之后再爬起，有成就的人无一不是晚上自己舔舐伤口自我疗伤，第二天抖擞精神，重新出发，全身心投入到迈向成功的路上。如此这般，勇敢走出阴影，立即行动的人才是真正的成功者。

如果细心观察，不难发现在我们身边的每个人包括我们自己，都或多或少地存在一些阴影，这些阴影是客观存在的，是我们在成长的路上无法逃避的。对于这种阴影，每个人的应对策略都是不一样的，相应的结果也是不一样的。有些人敢于通过立即行动来冲散阴影带来的负面影响，而有些人却无限放大这些阴影所带来的困难，如此恶性循环下去，最终成为一

执行力是干出来的

个真正的失败者。

其实，遇到困难带来的阴影并不可怕，可怕的是你不去正视它们，听之任之。要想改变这种状态就要勇于迈出第一步，做出行动，一步步驱散阴影，迎接胜利的曙光！

**思考题**

（1）以往的人生经历中，哪些经历给你造成阴影？

（2）回想一下，阴影到来之后，你有做过哪些尝试？

（3）分析造成阴影的原因是什么？

# "万一"是个骗子

"万一"我们可以理解成假设、如果的意思，它是对未来将要发生或者还没有发生的事情的一种假设。比方说，很多人在做一件事之前，如果对于要做的事情没有把握，或者说准备不充分，就会说"万一失败了怎么办""万一行不通怎么办"等。这种假设没有错，通过理智的思考，如果"万一"真的发生了，受损失的将会是我们自己。

但是，这种"万一"的假设过度存在的话，就会造成我们行动上的迟缓及拖延，使得我们的执行力严重下降，最终的结果是错过很多机会，工作效率降低，甚至导致失败。而如果从执行力的角度理智地看待"万一"，就不会因为"万一"阻碍自己的行动，那么，反而会成功。所以，有时候"万一"是个骗子，会阻碍我们迈向成功。

具体来说，"万一"只不过是一种假设、臆想，在积极客观的情况下，有助于我们良好地解决问题，防患于未然，更加高效快速地取得成功；而在消极主观的情况下，会臆想出很多困难，加之消极的态度，让我们变得担心害怕，会阻碍我们执行力的发挥。

去年我去找多年未见的小学同学小李，另一个同学说两年前在某路邮政局见过他，当时他是那个邮政局的员工。当时的情况是我知道他的名字，知道两年前他在那里工作过，目的是找到他或者他的联系方式。

首先，我想到的是去那个邮政局找，可又一想，万一他调到其他地方了呢？万一这个邮政局搬家了呢？不就白跑了吗？想了想，我还是决定试一试，于是坐了两个多小时的地铁，来到那个地方，遗憾的是原先的邮政局真的搬走了。我想，搬迁的话一般都有搬迁通知，上面应该有新地址，可找了半天什么也没找到。

下一步该怎么办呢？放弃还是再想办法问问？可万一最后还是找不到的话不就又浪费我好多时间？随后，我决定问问附近停车场的大爷，大爷告诉我这个邮政局搬走了，而且新地方也不远，还告诉我怎么走，真是天无绝人之路。

按照大爷提供的地址，我很快找到了这家邮政局，并通过大堂经理顺利找到了我这位多年不见的小学同学。

在找小李之前，我知道的信息是非常有限的，要找到小李的希望很渺茫，如果我顺从想象的"万一"，或许就不会行动，或许，我可能永远也找不到小李。

在现实生活中，在做一件事情的时候，会有很多"万一"，它会消磨我们的意志，会拖我们行动的后腿，会如温水煮青蛙一样阻碍我们前进的步伐，更如同嗜血狂魔一样一点一点吸干你冲刺的野心。所以说"万一"是个骗子，它欺骗了我们的眼睛，让我们看不到希望；它欺骗了我们的感

执行力是干出来的

情,让我们逐渐丧失了对生活的信心,直至最后让我们成为一个失败者。

那么,我们该如何避免"万一"拖我们的后腿,提升自己勇敢干的动力呢?

(1)"万一"是预想,不是预示。"万一"是一种预想,是对可能出现的事情的一种设想,从而积极做出准备,以确保事情能够顺利地进行。但是,很多人把"万一"当成了一种预示,觉得这种事情一定会发生,并因此产生恐惧的心理,让自己的行动变得迟缓。显然,这种观念是错误的,我们要明白,"万一"只是一种预想,而不是预示。

(2)没有万一,只有一万。"梦想还是要有的,万一实现了呢?"首先,我们要将"万一"用在做事的积极方面,比如你想去创业,面对众多的困难,你应该更多地想"万一成功了呢",而不是满脑子都是"万一失败了呢"。其次,生活没有"万一",只有勇往直前。干是生活的一部分,是执行力的主体,我们只有勇往直前,放下"万一",才能离我们的目标更近一步。

8年前有一个朋友,喜欢一个女孩子,但是不敢表白,问他原因,他说:"万一被拒绝,岂不是更糟糕?"就这样,2年后,他喜欢的那个女孩成为了别人的新娘,他痛苦地对我说:"真后悔,早知道当初应该努力去追的,最起码自己努力过,现在也不会后悔。"

生活没有"万一",成功没有"万一",很多机会过去了就不会再来,不要总是让"万一"欺骗自己,正确看待"万一",这样我们的人生会更精彩。

"心若在,梦就在!"人的内心无非两种状态,正面的和负面的,这就好比是一个天平的两端,哪头分量重,天平就会向相应的一方倾斜。因此,为了心中的梦想,请让"万一"的负能量少一些,让行动的正能量多一些。那么,你离成功就不远了!

> **思考题**
>
> (1)面对问题,"万一"和行动哪一个先出现在你的脑海里?
>
> (2)为什么说"万一"是个骗子?
>
> (3)"万一"和行动会让一个人产生怎样不同的心态?

## 不要被恐惧束缚手脚

什么是恐惧?人们因为什么而恐惧?是因为对比之下别人比你更优秀?比你更富有?原因有很多,其中有一个很重要的原因是担心失败,担心失去某些东西而产生的畏惧心理在作祟。

恐惧是一种很正常的心理状态,是所有生物所共同存在的一种情绪表达。是指当我们处于一种相对危险或者比较陌生的环境中时,内心想要战胜,但却感觉无能为力时所产生的一种情绪的表达。那么,恐惧的状态会对一个人产生怎样的消极影响呢?

2018年回老家,遇到儿时的伙伴,在一起聊天时,他对我说准备开一个水果批发公司(我老家是甘肃天水,那里盛产花牛苹果)。近几年种水果的果农越来越多,但由于地处偏远地区,信息不流通,所以当地的收购价格很低,而水果运到南方后的销售价格却很高,所以,这应该是一个非常好的创业机会。

对于他的想法,我表示非常赞同,并断定一定能够成功。

2020年再次回老家,去找这位儿时的伙伴,心想他现在的事业一定做得很火，应该成为当地名副其实的企业家了。

找到他的地方是在一块地里，他正在地里干活。当时心想，这人还真是低调啊，这么好的生意还亲自在地里干活。

见面聊过之后，他现在的情况却让我大感意外，之前所说的开水果批发公司的想法，他并没有去实施，到如今依然是一个想法。问其原因，他告诉我："之前和你说过这个想法后，看你那么支持，本来要做的，可在你走后没多久，看到邻村的一个人创业失败了，亏损了8万元，当时我就害怕了，担心如果自己失败，身负几十万债务是一件非常恐怖的事情，所以一直在犹豫，后来也就放弃了。"

对于他的想法，我有点可惜，我说："据我了解，当年好几个那个时候开始做水果生意的，现在做得可都很成功啊！"

他有些后悔地说："是啊！当时如果自己也做的话，或许也会成功。"

生活中，有很多和我朋友类似的人，本来是一个很好的机会，但因为看到消极的一面，产生了恐惧心理，开始变得犹犹豫豫，从而失去了机会。这便是恐惧给一个人带来的消极影响。

从科学的角度讲，当个体一旦产生恐惧就会带来一系列生理还有心理上的变化。恐惧产生后将会对人的各个感觉器官如知觉、听觉以及记忆和思维过程产生阻碍，进而失去对当前情景的精准分析。如同以上案例中我儿时的小伙伴，在他给我说起想开公司的时候，这是一个很好的项目，也是一个不错的时机，然而，他因为别人的失败而产生了恐惧心理，对机会失去了精准的分析，因此止步不前，不敢行动。

因此，克服恐惧心理，对提升自己的执行力很重要，有以下几个方面我们需要注意：

（1）提升对事物的认知能力。我们要不断在事物的认知能力方面有所提高，拓宽自己的认知视野，这样在遇到一些消极因素时，可有效降低自己的恐惧感。

（2）提升自我预见能力。加强对于客观世界存在的规律的认识，进一步了解自己的主观世界和客观世界的辩证关系，增强预见能力，从而对于自己的预期目标进行判断，正确预估将要发生的事以及可能会遇到的困难或问题，这样便可以提升自己的心理承受能力以及对于恐惧本身的免疫能力。

（3）与勇敢者为伍。所谓"近朱者赤，近墨者黑"，身边的人或环境可以成就一个人也可以毁掉一个人，与勇敢者为伍，有助于我们克服恐惧心理。此外，还可以用英雄人物或成功人士的事迹来鼓励自己，去除自身的恐惧。

### 思考题

（1）在自己过去的经历中，恐惧是在什么状态下产生的？
（2）让你产生恐惧的原因是什么，造成的结果是什么？
（3）分析产生恐惧的主观原因和客观原因，思考去除自身恐惧的方法。

## 先开车，山前必有路

有一位老奶奶叫摩西，她77岁之前是一个家庭主妇，而就在77岁那一年，她开始作画，随后她的画畅销欧洲和美国，成为传媒上超级明星般的艺术家。

有一个30岁的年轻人，职业是医生，他想从事写作工作，但是担心自己年龄太大难以成功。于是写信给摩西奶奶。问道："我都这么大年龄了，从事写作事业还来得及吗？"

没想到摩西奶奶给他回信了，信中说："我已经快100岁了还在画画，你有什么不行的呢？只要你立即行动，什么都有可能！"

后来，这位年轻人成为了著名浪漫主义小说家，他的名字叫渡边淳一。

人们常说："车到山前必有路，船到桥头自然直。"这句话的意思是说，在前进的路上，尽管前面有很多的困难与挫折，但是只要我们敢于迈出第一步，即使困难出现，也会找到解决的方法。然而，遗憾的是，很多人面对前面崎岖的路，总是不敢开车。

人活一世，每个人都会有属于自己的经历，都要走属于自己的路，每个人在路上遇到的情况也不尽相同。纵观分析，在人的这一生中，虽然会有些许遗憾，但只要做了，就不会后悔，因为你曾经努力过。而对于有些想做而没有做的事情，必然会有一些遗憾，甚至后悔，原因是你根本就没有尝试，根本不知道那些事情是否会成功。

就拿现在一些父母来说，他们为什么会把自己的孩子送进特长班、兴趣班呢？其中一个原因就是把自己曾经的梦想或者想做而没有做的事情寄托到了孩子身上，追根溯源，这些父母为什么会有这种行为呢？这是因为他们当时因为某些原因没有去做那些想做的事情，随着时间的推移，内心产生了后悔和遗憾，有了家室后，想开始做却发现已经没有时间或精力去做，为此，只能寄希望于自己的孩子。对于这些父母来说，这显然是一种执行力弱的体现。

反观那些成功者，他们无不是执行力很强的人，他们的行动不仅仅体现在身体上，更重要的是体现在思想和精神上。他们从不会停止行动，一直在路上，即使出现了问题也不会害怕，他们会在行动中去解决、去总结、去评估，而后再积极去行动。

鲁迅先生曾说过:"世上本没有路,走的人多了,也便成了路。"是的,路是人走出来的,只要行动了就一定会有效果,也只有行动才会让我们不断地创造价值,实现自己的人生目标。

那么,为什么有的人明明知道只有开车才会知道路在哪里,但就是迟迟不愿意开车呢?

(1)担心失败。那些迟迟不敢开车的人,绝大多数情况下对于潜在风险进行了过度夸大,并将其作为自己不行动的借口或理由,我们也可以认为这些人不敢开车是由于对失败产生的恐惧心理导致的。

(2)担心犯错。犯错误是好事吗?我个人认为是一件好事,因为这至少证明你是在行动的路上,开始行动远远优于不行动。一个整天无所事事的人肯定不会犯错,但也正是这种无所事事才犯了人生最大的一个错误,就是浪费自己的时间和生命。

当我们真正去行动了,就会发现事情在朝着我们所预想的方向一步步推进,只要我们尽力了,去行动了,无论结果是成功还是失败,都将会成为我们人生的一笔很大的财富。所以,请行动起来吧,不管结果如何,只要你敢于先开车,那么,路就一定会在山前出现。

### 思考题

(1)先开车是不计后果地开车吗?

(2)自己迟迟不行动的原因是什么?

(3)"车到山前必有路"的真正含义是什么?

执行力是干出来的

## 直面困难，方法总比问题多

尼克·胡哲出生于1982年12月4日，现在是一名世界知名的励志演讲家。刚刚出生的小尼克天生没有四肢，只是左侧臀部以下的位置有一个带着两个脚指头的小脚。尽管小尼克身体残疾，但是家人并没有放弃对他的教育。

小尼克8岁开始上学了，因为身体的原因，他饱受同学们的嘲笑、侮辱甚至打骂，但是内心坚强的尼克并没有放弃继续上学，也正是在这种环境下，尼克练就了自己强大的内心和坚持不懈的品质，在求学期间不断总结知识，梳理自己的经历，不断提升自己的演讲能力。在他19岁的时候就主动打电话给学校介绍自己的演讲。学校明确拒绝了他的要求，但是尼克没有放弃，整整交涉了53次，终于给自己争取了一个5分钟的演讲机会，并且也收获了人生的第一份薪水——50美元，至此开启了自己的演讲生涯。

尼克的人生是精彩的也是圆满的，大学期间获得了会计与财务规划的双学士学位，经常到世界各地进行巡回演讲，出版了自己的DVD和书籍，也有很好的销量。更令人艳羡的是在2012年娶到了一个漂亮的日本妻子，次年两人的儿子出生。

从尼克·胡哲的身上，我们不难发现，人生的苦难都是暂时的，无论是谁都会有困难和问题，这些是客观存在的，困难就犹如我们必须承担的责任一样是无法逃避的。

然而，当面对这些困难的时候，为什么有的人可以将困难很巧妙地解决了，而有的人不是对困难视而不见就是寻找各种各样的借口来推卸自己应承担的责任？同样的困难，不同的人态度不一样，我们不禁要探寻其中的原因所在。

其实，之所以会有两种不同的态度，是因为两种人面对困难时所产生的思维模式不一样，要看其是否敢于直面困难、剖析困难。那么，解决困难的正确方法到底是什么呢？

（1）以终为始，瞄准问题根源寻找方法以获取答案。有的人之所以会成功就是因为他们敢于直面困难，追根溯源，敢于迎接挑战，他们有着"世上无难事，只要肯登攀"的坚定信念。大数据显示成功者或失败者两者之间最显著的差别体现在以下几个方面：

首先，成功者从不为自己找借口，面对的困难不论大小，他们都敢于承担并主动去寻找解决的方法。

其次，即使暂时看不到光明和希望，他们也绝不会放弃或失望，在成功者的眼里这些都只是小困难，这些困难都是可以解决的，只是暂时还没有找到解决问题的办法而已。

（2）在坚定困难终究会解决的基础上，要对困难进行分析进而找到答案。我们要想找到解决的办法，需要经历以下几个环节：

首先，学会如何提问题，学会提问题就是一个找寻解决困难方法的过程，正确做法就是将我们所有的注意力全部集中在寻找答案的点上，所有问题的提出都要围绕着答案来提，如此这般，才能不断向答案靠拢。

其次，我们要知道应该提什么问题，在面对困难时，我们应该反问自己：在出现的这些困难中有哪些是可以利用的好机会？针对目前存在的问题可以进行改进的有哪些？如何改进才能得到想要的结果以及如何在解决这些问题的过程中让自己不断提升并避免今后再犯类似的错误？

出现问题不可怕，按照"分析问题—解决问题—评估结果"的思路去做,关键就在于我们要行动起来。

**思考题**

(1)你在困难面前有没有退缩过?

(2)回想一下自己刻意回避过的困难。

(3)剖析一个曾经刻意回避过的困难,分析总结。

## 有担当,大不了从头再来

为了和亲,文成公主远嫁匈奴;为了扩大贸易范围,张骞出使西域;花木兰为了照顾年迈的父亲,主动替父从军……诸如此类的例子不胜枚举,他们身上都有一个鲜明的特点,那就是——担当。

什么是担当?担当通俗的解释就是敢于承担责任、敢于负责。企业需要有担当的员工,只有员工有担当,人人都尽职尽责,有主人翁意识,企业的发展才更有后劲及动力。对于个人而言,只有有担当,才会彰显个人的人格魅力,才能消除担心害怕的心理。

我们身边总会有这样一类人,他们在做一件事情的时候,总会说:"干吧,失败了大不了从头再来。"然后便马上开始行动。寻找身边的这一类人,你会发现,这种有担当的行为,让他们变得很有魅力,有很好的人缘,而且做事的成功率很高。

佳琪和陈晨同时受雇于一家房地产公司,从事销售工作。起初,他们拿着同样的薪水,可是过了两个月,陈晨的薪水开始直线增长,而佳琪的薪水丝毫未动。

佳琪有点不高兴，找到老板发牢骚问原因，老板说："这样吧，你现在去××市打听一下该地区的房价是多少。"佳琪早上出发来到××市进行调研，中午便赶了回去，对老板说："××市的房价现在是9000元。"老板问，是不是学区房？佳琪摇头。老板又问，是不是繁华地段？佳琪说这个没有打听。

随后，老板把陈晨叫到办公室，给了她和佳琪同样的任务，去××市打听房价。陈晨早上出发，下午快下班时回到公司。老板把佳琪叫到办公室，当着佳琪的面让陈晨汇报，陈晨说："××市的房价均价在9000元左右，学区房12000元左右，郊区8000元左右，市区繁华地段在13000元左右，我走访调研了一下购房者，他们大多处于观望阶段。"

陈晨汇报完工作后，看了看佳琪，佳琪红着脸没有说什么。

这便是担当，担当产生执行力，可以在做事的时候更加高效。

担当对于一个人来说，主要体现在以下几个方面：

（1）有担当是一项重要的领导素质，有担当是作为领导内在修为的真正体现。只有你自己有了担当，才会主动去承担责任。根据吸引力法则，你自己成为有担当的人，就会吸引更多有担当的人来帮助你。

（2）有担当体现的也是一种精神境界，先辈们的井冈山精神、长征精神、延安精神都体现了有担当的人的精神境界，也都体现了有担当的人一种立志于战胜困难、不达目的绝不罢休的精神，体现了超越自我、乐于奉献的意志和信念。

（3）有担当是一种对自己、对家人尽责的表现，对于个人而言就是要做到有错必改，而对于家庭来说就是要承担起对家庭的责任。

通过以上三点我们可以发现，担当是一种勇气，是一种能力，能够带动我们的执行力。那么，我们该如何成为一个有担当的人呢？

（1）规则意识。所谓"无规矩不成方圆"，有担当的一个前提就是我们必须要在规则之内进行所有的活动，切不可为了成为一个有担当的人而打破规则，切记要明确哪些才是真正应该承担的事情。

（2）主动意识。我们在日常生活中肯定会遇到来自方方面面的困难和问题。当面对这些困难时，一个有担当的人一定要主动站出来承担，而不是将责任推到别人身上，对待事情敷衍了事。

（3）行动意识。也可以称为"执行力意识"，有担当精神的一个显著特征就体现在执行力方面，有任务要主动接受，毫不犹豫，主动去承担，立即行动，不推诿，并确保任务高质量完成。

（4）团队意识。当今社会是抱团取暖的时代，个人英雄主义的时代已经结束，仅凭个人单打独斗是很难成事的。所以我们无论是自己搭建平台还是借助别人的平台实现人生价值，都必须要靠团队合作，因此，有团队意识也是一种有担当的表现。

（5）助人为乐的意识。有句话我很认同，即你想有多大成就就看你能帮助多少人。所以，有担当的人必须要做到乐于助人，对待任何人都要善良诚实、宽容大度，要善于培养自己的人格魅力来向别人展示自己有担当、有责任感的一面。

"心若在，梦就在，只不过是从头再来！"是的，只要我们敢于直面现实，不惧责任，坚定自己的信念，遇到任何事都积极主动地行动，不推辞，主动站出来去承担，在行动中去完善需要提高和解决的环节，不管最后成功与否，都是值得肯定的。

### 思考题

（1）回想自己那些没有承担的责任以及造成的危害。

（2）担当与执行力的关系是什么？

（3）结合自身说明，如何提升自己的担当能力。

# 第四章
# 自发干：树危机，逼迫自己行动

想想你的收入，想想你的银行存款，想想你现在住的房子，想想你快要到期的房贷，想想孩子上学的问题，想想你开的车子，想想你的梦想……当想过这些之后，你是否会睡意全无，产生一种强大的动力与干劲呢？没错，这就是危机效应，它能够激发我们的执行力，让我们自发干，而不是被动干。

执行力是干出来的

# 高效执行力=危机感+行动

所谓高效执行力，是指对于一件事情能够快速地展开，迅速有效地执行。比如对于上级领导布置的任务或工作，不打任何折扣，说到即做到，快速有效地完成。这里有两个关键词，"快速"和"有效"，它们是高效执行力的核心。

对于企业来说，一个企业的成功靠的不仅仅是成熟的商业模式和战略规划，更重要的是员工的高效执行力。没有高效的执行力做基石，仅仅谈论商业模式和战略只能是纸上谈兵，所以，对于企业来说商业模式、战略意图是基础，高效执行力是关键。

对于个人来说，思维、观念是个人发展的基础，而高效执行力是动力，没有高效的执行力，一个人的发展同样是纸上谈兵，不会产生好的结果。

既然高效执行力对于企业和个人发展如此重要，那么，如何才能让执行力变得高效呢？拿企业来说，高效执行力涉及以下几个方面：

（1）人员的选拔与任用。要想打造一支执行力强的团队，就要筛选出一批执行力强的人进来，对他们进行培训，让他们变得更加出色。中国著名企业家，联想集团前董事长柳传志对于执行力有这样的看法，他说打造强劲的执行力就是要将合适的人放在合适的位置上，之后就要对他们的执行能力加以培养和训练，而培养和训练的目的在于让他们快速有效地行动。

（2）根本原则是服从。服从是一种美德，也是执行的关键所在，没有服从也就无所谓执行了，企业所有的发展战略和商业模式的完善都是建立在服从的基础上，每一位员工都必须做到对于上级领导指挥的服从。一个团队只有目标一致时才会发挥出 1+1>2 的效果，而要达到这个效果，需要让员工产生危机感。

（3）动力是有效的管理。所谓"越简单，越有效"，管理的最高境界就是让复杂的事情简单化，只有简单的事情，员工才能更好地理解，也只有真正理解了才能有效地执行。在有效管理中，最有效的一种管理方式就是目标管理，目标管理可以激励每个员工自动自发地去执行工作，并根据自己的绩效进行有效管理。而要让目标管理变得有效，同样离不开危机感的灌输和压力的施加。

以上三个方面能够有效提升企业执行力，但同时我们发现，要让以上三个方面的效果发挥到最佳，同时需要有危机感和快速行动力的介入，也就是说，高效执行力源自危机感和行动力。

下面，让我们来重温一篇熟悉的文章《扁鹊见蔡桓公》：

扁鹊见蔡桓公，立有间，扁鹊曰："君有疾在腠理，不治将恐深。"桓侯曰："寡人无疾。"扁鹊出，桓侯曰："医之好治不病以为功！"

居十日，扁鹊复见，曰："君之病在肌肤，不治将益深。"桓侯不应。扁鹊出，桓侯又不悦。

居十日，扁鹊复见，曰："君之病在肠胃，不治将益深。"桓侯又不应。扁鹊出，桓侯又不悦。

居十日，扁鹊望桓侯而还走。桓侯故使人问之，扁鹊曰："疾在腠理，汤熨之所及也；在肌肤，针石之所及也；在肠胃，火齐之所及也；在骨髓，司命之所属，无奈何也。今在骨髓，臣是以无请也。"

居五日，桓侯体痛，使人索扁鹊，已逃秦矣。桓侯遂死。

故事很简单,扁鹊告诉蔡桓公,他有病,蔡桓公觉得没有什么大碍!扁鹊连续几天建议,而蔡桓公一点危机感也没有,更没有行动进行治疗,最后病死。可见,蔡桓公之死主要是因为没有危机感,缺乏重视和行动。

所以说,首先,危机感是高效执行动力产生的源泉。危机感同时也是一个人成长发展的重要动力之一。所谓"居安思危",如果一个企业或个人安于现状,不思进取,也就毫无执行力可言。所以,执行动力的一个源泉就是要时刻保持危机感。其次,行动才是高效执行动力实施的最终体现。行动是成功的保证,也只有行动才会让执行动力得以转化。有了危机感是第一步,但是如果没有行动做保证,对于现在或未来问题的出现惶惶不可终日,那么,最终的结果也只能是毫无建树可言。因此,行动起来才是高效执行力得以有效实现并取得成功的保证。

高效执行力是危机意识和行动的结合体。一个企业或个人,要想实现自己的目标,无论是在顺境还是逆境都要抱有一种危机意识,对于市场、对于竞争、对于未来的发展只有具有危机感才能迫使自己去思考发展的趋势所在。但是有了危机感只是高效执行力的第一步,要想保证执行力的有效实施,还要有行动,也只有行动才会让危机感慢慢消除,让你不断发现问题、不断尝试、不断去解决问题。所以,危机感是促使行动的源动力,行动是危机感得以转化的具体体现,只有将危机感和行动进行完美结合才会产生高效的执行力。

### 思考题

(1)自我感觉,目前自己的生活工作是否安逸?

(2)危机感与高效执行力的关系是什么?

(3)如果你有了危机感,而没有去行动,原因在哪里?

## 危机感造就自发心态

纵观那些成功人士，研究他们的成功经历就不难发现，越成功的人越努力，有一个很普遍的规律就是成功的人都是比常人更加努力的人，也是比大多数人付出努力和行动更多的人，更是对于现状或未来有着强烈的危机感的人。

王总是我一个很好的朋友，经营着一家日用品企业。记得有一次我们一起去旅游，晚上在客房聊天，不知不觉聊到了12点，这时他接了一个电话，接完电话后着急地对我说要回公司一趟，我问他何事，他说有个客户出了问题，他必须现在出发，明天早上要到公司处理。

本来一起出来旅游的，听到他这样说我心中有些不悦，便问道："这个客户在你们公司的业务很大吗？"

他说："也不是，一个小客户，一年也就5万元订单。"

我说："对于你这样的大老板，一年营业额好几个亿，着什么急啊，这样的客户丢了也不会对你产生啥影响，都这么晚了，明天走不就行了。"

他说："万一有一天公司的营业额下滑呢？大客户跑掉呢？被竞争对手压制呢？什么事情都有可能发生，所以我必须马上出发赶往公司。"

听了他的话，我无言以对。

在我看来，王总只不过是杞人忧天，担心的事根本不可能发生。但是，客观地讲，任何事情都有可能发生，正是这样的担心，让王总始终保持危机感，从而造就了他的自发心态。

如果一个人没有危机感，就不会意识到自己所处的困境和存在的问题在哪里，也就没有向前发展的动力，没有主动去解决问题的态度，自然而然也就不可能会成功。

因此，危机感可以造就一个人主动去发现问题并解决问题的自发心态，也是一个人不断成长发展的重要动力。一个人一旦失去了危机感，安于现状，就会变得裹足不前，慢慢滑向失败的边缘，最终等待他的也只有被淘汰的结局。

只有有了危机感，才不会由于暂时的安逸或优势而忘掉危机。旷野中的狮子只有不断地奔跑，不断地去寻找一个又一个目标才不至于因一时的贪睡而遗忘自己的雄心壮志。在自然界里，关于狮子和羚羊存在这样一种法则：猎物羚羊必须努力思考如何才能快速奔跑以摆脱成为猎物的命运，而狮子也只有思考自己如何跑得更快才能捕捉到更多猎物维持自己的生存。

这种规律不仅在自然界是普遍存在的，放在当今社会中也是适用的，这种规律证明，没有危机感才是最大的危机。其实，源自外界的危机感并不是最可怕的，可怕的是我们自己没有意识到出现的这种危机，或者对已经出现的危机视而不见甚至是安于现在的一种暂时的舒适状态。长此以往，当危机真正来临时，我们对于危机可以说是没有任何抵抗力的，最终只能面临被淘汰的命运。

危机感是造就自发心态的一剂良药，是永远悬在每一个想要成功的人头上的一把利剑。危机感有的时候也是需要我们进行有意识地培养的。我们不妨来了解一下成功人士是如何对自己的危机感进行培养的。

微软之所以在业界有这么重要的影响力，很大程度上在于当初比尔·盖茨一直在给自己制造一种危机感，即"微软离破产只有18个月"，然后针对现存的问题进行分析和解决；三星负责人李健熙也时常告诫自己和员工"三星离破产只有一步之遥"，督促自己和团队产生危机感；任正非常说自创业以来天天都在思考失败，对于成功视若无睹，对于成功也是没有什么荣誉感或自豪感，更多的是对于自己以及企业发展的危机感。

这些成功人士几乎无时无刻不让自己处于不断思考的状态，用危机感来告诫自己只有不断思考，主动去发现问题和解决问题才能带动企业的持续发展和进步，才不至于被淘汰。

成功的人是在经历了一个很漫长的过程后才有了如今的成就，曾经，他们也是白手起家，一无所有，正是出于对当下生活的不满意，有了对于未来的危机感，即使经历了各种困难委屈，也勇往直前，才成就了今天的自己。反观一下自己，我们是不是也应该有这样一种危机感——假如还有一个月就失业了，我从今天起应该做什么？

危机是客观存在的，想要没有危机，就必须要自己有一种危机感，时刻提醒自己离失败不远了，如果真的失败了，我从现在起应该如何做才能避免危机的出现。对于危机必须要有一定的预见性，有了危机感才能针对现存的问题找到解决的思路。只有真正有了危机感，并且主动去寻求解决的办法才会找到成功的方法，成功也才会属于你！

### 思考题

（1）对于生活、工作乃至生存，自己是否有危机感？

（2）对于有些事情不能自觉去做的主要原因是什么？

（3）如果还有一个月就要失业或破产，你会怎么做？

执行力是干出来的

## 制造危机，执行力是逼出来的

每一个想要成功的企业家或个人都应该学会制造危机，作为个人，学会制造危机，才会通过不断提升自己而取得发展和进步。作为老板更需要学会通过制造危机来逼迫自己的团队提高执行力。所以，没有危机要懂得制造危机，让危机推动自己的执行力。

那么，危机如何制造？该制造什么样的危机呢？我们不妨来看看中国一些知名企业家是怎么做的。

史玉柱曾在他的书里提到，他和马云在飞机上探讨企业家该不该成为坏人的话题，两人相谈甚欢，一致认为一个成功的企业家一定是个"坏老板"，一定是一个善于给团队制造危机的"坏老板"，以此来逼迫团队提升执行力。

史玉柱奉行的是"只认功劳，不认苦劳"的企业文化，这种做法听起来虽然有些无情，但是史玉柱却非常认可。据他介绍，在巨人进行一线销售的员工如果完不成公司制定的目标连基本工资也是无法拿到的，相反，如果圆满完成所得报酬是异常丰厚的。另外，对于执行力提升这一块，史玉柱还实行了一个特别的激励政策，对于销售排名靠前的团队给予奖杯和奖金以示表扬，而对于排名靠后的团队则会给以黑色锦旗并写上"倒数第几名"的字样，令其感到羞愧。所谓"知耻而后勇"，以此来鼓励团队不断提升执行力。

电商巨头阿里巴巴的董事长马云对刚来公司的员工说"谁提战略谁离

开"，他告诫新入职的员工，一定做到少说多做，必须将执行力放在第一位，马云在很多场合都曾反复强调执行力的作用。据说，有一次马云在和孙正义探讨关于一流的点子加上三流执行力和三流的点子加上一流执行力哪个更重要的问题，两人都得出了同样的结论，就是三流的点子加上一流执行力更重要。马云就是将执行力当作阿里发展的一个很重要的企业文化来宣导，他也一直宣称要通过各种各样的"坏手段"将阿里巴巴打造成一支执行力超强的团队。

另一位"坏老板"就是华为总裁任正非，他一直以"毒舌"的形象出现在员工的面前。为了提高员工执行力，他经常对员工说：你最近进步很大，因为你从很差进步到了非常差。对于新员工他嘴下也是毫不留情。他直接告诉新员工进了华为就等于进了坟墓，让员工时刻充满危机感，以此来不断提升执行力。华为还用很多类似的企业文化来让自己的团队时刻保持一种危机感，勇闯第一，对于制度要做到绝对地服从，没有半点讨价还价的余地。这些做法看似无情，但也正是这样的企业文化才打造了一支执行力超强的狼性队伍。

纵观企业界里的成功人士还有很多"坏人"，他们总是想尽各种办法给团队成员制造危机感。据说微软总裁比尔·盖茨曾经怒骂任务完不成的员工，也经常挖苦讽刺无法领会其战略意图的员工；戴尔电脑的迈克尔·戴尔在业界更是著名的"恶人"；拉里·埃里森更是在员工的衣服上标着"杀死对手"的狼性标语，诸如此类的通过危机制造来提高执行力的例子比比皆是。

诸多事实也表明，历史往往是由那些善于制造危机来提升团队执行力的人创造的，比如刘邦、曹操、李世民以及朱元璋等，无一不是制造危机的高手，打造的团队执行力都是一流的。

因此，不管是个人还是团队，我们要明白：必须时刻充满危机感，要有与众不同的思维模式和敢于打破常规的魄力与胆识，最重要的就是要将

执行力是干出来的

所有想法付诸行动，在行动中去发现问题，去解决问题。

每个人都是被逼出来的，如果不敢给自己制造危机或者没有危机意识，你永远都只能碌碌无为；不去行动，不去努力，你永远也不会知道自己到底有多优秀。每个人的潜能都是无限的，关键在于你愿不愿意去尝试、去努力、去奋斗！

### 思考题

（1）有没有尝试过给自己制造危机来提升执行力？

（2）回想一下，自己为什么不敢去制造危机，背后的根本原因是什么？

## 增强危机意识，自我提速

在欧洲某个国家，有一片森林，当时据官方统计，有3000只左右的鹿在这片森林里生存，长久以来，数量增长缓慢，但他们都非常健康。

由于这些鹿非常珍贵，当地官员分析数量增长慢的原因，他们觉得之所以鹿的数量增长缓慢，是因为在这片森林里居住着一群他们的天敌狼，这群狼一直在不停地猎杀他们。为此，当地政府决定，为了保护鹿，杀掉所有的狼。

在几乎把所有的狼杀掉两年后，鹿的数量便增长到了3万只，这个结果让当地政府很满意。然而又过了两年，鹿群因为森林里面植被不足，食物短缺，以及由于长期没有危机感，患上了一些疾病，有的饿死，有的病死，最后剩下不足5000只在苟延残喘。

没有危机感就没有了生存的动力，温室中的花朵注定不会长久，只有经过风吹雨打才能练就强大的生存力，才能激发出坚决的执行力。没有天敌的鹿群，生存意识就会下降，生存所需的执行力就会减弱，最终会被淘汰。

没有危机就是最大的危机，危机意识的强弱体现在对于现状及未来生活的满意度上。较强的危机意识可以让我们知道自我的短板和缺陷在哪里，并用强烈的自发意识去修正。一个国家如果没有较强的危机意识，经济发展将会被制约，社会发展将会被阻碍；一个企业如果没有较强的危机意识，企业发展将会放缓，员工执行力会大大降低；一个人如果没有较强的危机意识，就容易安于现状，失去前进的动力。

增强自我危机意识，是个人快速成长及成功的助推剂，一个人无论多成功，如果没有强烈的危机意识，不管是个人成长还是财富增长都是缓慢的；相反，一个人即使现在一无所有，但如果有强烈的危机意识，那么，他个人的成长速度一定是飞快的。因为危机意识的强度与执行力的强度是成正比的，危机意识越强，执行力越强，反之执行力越低。

具体来讲，强烈的危机意识对一个人有以下几方面的作用：

（1）强烈的危机意识可以引发个人深入的思考。比如，对于现状不满的原因分析以及对于未来如何避免出现类似问题所必备的预案。这种深入思考问题的意识，能够促使我们全面地去认识问题，有效提升自我行动力。

（2）强烈的危机意识可以带动创造力的提升。有"亚洲四小龙"之称的韩国和新加坡，可以说是资源匮乏，面临的生存压力异常巨大。正是这种恶劣的自然条件促使它们的国家领导人产生深深的忧患意识，不得不思考关于未来生存和发展的出路，发挥自身的优势，扬长避短，科技强国，虽然它们是小国家，却在世界上赢得了重要的地位。

（3）强烈的危机意识可以让人保持一定的活力。著名的"鲶鱼效应"

是这么说的，挪威人喜欢吃活的沙丁鱼，因此，渔民就千方百计地想让沙丁鱼活下来以保持鱼的新鲜度。可事与愿违，虽然经过很大的努力，但是绝大部分鱼还是在运输途中窒息而死。但是总有一条船可以让大部分沙丁鱼活下来。原来，渔民在装满沙丁鱼的鱼槽里放了一条吃沙丁鱼的鲶鱼，鲶鱼进入鱼槽会四处游动寻觅食物，这使得沙丁鱼为了不被吃掉，时刻保持着一种警诫和活力。可见，沙丁鱼之所以会保持活力就是因为有了鲶鱼这个危机的存在。

所以，我们不但要有危机意识，而且还要有意识地增强自己的危机感，这样能使我们时刻保持一种全身心的活跃状态，在处理问题和执行力方面才会更加高效。

### 思考题

（1）预估一下自我危机意识的强度。
（2）如何才能增强自己的危机意识？
（3）强烈的危机意识和微弱的危机意识对个人心态有什么影响？

## 有危机感，才能适应危机

农民老张和老王是邻居，多年来以种地为生，一直风调雨顺，过着幸福而快乐的生活，下雨不能干农活时还会在一起喝几杯小酒，虽然称不上富裕，但衣食无忧。

然而，天有不测风云，有一年大旱，地里庄稼收成几乎减了一半，这让老张非常着急，因为如果明年还是大旱的话，他们一家人吃饭就会有问题。为此，他决定要省吃俭用，来应对今年的天灾。

而老王却不这样认为，他觉得，今年干旱，不一定明年也会干旱，只要今年够吃，明年就会有新打的粮食。所以，他依然和往常一样，该吃吃该喝喝，每到下雨天依然会买几个菜喝几杯，尽管少了老张，他还是很享受。

有句话叫人算不如天算，第二年，依然干旱，收成依然减半，面对此种情况，老王慌了，不知道吃饭问题如何解决，于是开始举债，而老张虽然生活很紧张，但却可以轻松应对。

显然，有危机感的人，会提前做好应对措施，所以在危机到来时，能够适应并轻松应对，反之，就会不知所措。

随着现代人生活水平和人文素质的提高，以及社会经济的发展，对一个人适应社会的要求也越来越高。很明显的一个现象就是越来越多的老人难以适应社会，比如打车难、不会网购、不会用电脑等，导致生活中的诸多不便。对于这类老人来说，这是一种跟不上时代的表现，是一种危机，而显然他们无法适应这种危机。

不能适应危机的原因之一是他们对于社会的快速发展，由于种种原因没有产生危机感。同样的道理，一个人如果没有危机感，对于外界的变化就会置之不理，那么，当危机产生之后，就很难适应危机。

这是一个信息爆炸的时代，各种要素瞬息万变，机遇与挑战并存。无论作为个人还是企业，带着危机感才能知道如何去应对危机，只有有了危机感才能学会未雨绸缪。所谓"人无远虑，必有近忧"，说的就是人要时刻保持一种危机感，对于危机有一种预判，以此来预防危机的出现或者最大程度降低危机到来时的损害，也就是这里说的适应危机。

那么，如何提高自己对于危机的预防及适应能力呢？

（1）进行自我评估。具体来说就是要对自己的各个方面进行评估，包括身体状况、技能、优势、执行力、短板进行全方位的评估，找出自己目前所拥有的各方面条件与未来的社会发展要求或者与自己预想的美好生活所要求的条件之间的差距，据此列出要达到目标所要付出的努力。

（2）自我弥补不足。在对自己做出评估的基础上，可以清晰地认识到自己的差距，当危机发生时，便能知晓自己的不足。在生活及工作中我们要有意识地弥补这些不足，以此来适应以后发生的危机。此外，还要学会自我接纳，接受不完美的自己，并做出相应的改变。

一个成功的企业家或个人一定是一个时刻保持危机感的人，对于危机，最重要的就是要预防它的发生，让自己能够适应出现的任何危机。

### 思考题

（1）对于现在和未来，你有危机感吗？
（2）回想一下，自己是否曾经有不能适应危机的状态和心理？
（3）对于出现的危机，不能做有效处理的原因有哪些？

## 构建危机自我管理机制

我们先来了解一下什么是自我管理能力，自我管理能力指的是受教育者依靠主观能动性，按照社会目标，有意识、有目的地对自己的思想、行为进行转化控制的能力。自我管理能力的高低是一个人自律能力的体现，也是一个人能否走向成功的重要决定因素。

在所有的自我管理能力当中，有一种能力的培养对于成功与否有着至关重要的作用，那就是对于危机进行自我管理的能力。既然对于危机进行自我管理的能力如此重要，那么，究竟该如何做才能对危机进行有效的自我管理呢？其中，构建危机自我管理机制就是最为行之有效的方法。危机自我管理机制的构建意义如下：

（1）危机自我管理机制的建立，在于可以提前制订出对于将要出现的危机的应对计划，以及可以在危机出现后及时拿出相应策略。自我管理机制的设立对于创新能力、沟通能力、严谨细致的作风、处变不惊的心态以及亲和力有很高的要求。这些能力的组合是危机自我管理控制能力的要求，也对个人或企业能否取得长远发展起到关键作用。

（2）危机自我管理机制的构建可以很好地增强个人和企业的危机感，可以促使个人或企业加大对危机管理模拟训练的力度，个人或企业通过不断进行危机管理方面的模拟训练，以此来检测自身或企业发展过程中遭遇危机时的快速反应能力，借以强化危机意识。最重要的是可以通过模拟训练来检验预先制订的危机处理计划的可行程度，并做出相应的改善来增强对于危机的处理能力。

（3）在危机自我管理机制的构建过程中，也可以通过一次次的调整、完善、实施再调整，让机制不断成熟，让自己的能力得到提高，最终形成一套完善的、系统的机制。对于个人和企业之后的发展可以提供极好的发展条件，有利于增强发展的后劲。

具体做法如下：

（1）树立正确的危机意识。培养自己的危机管理理念，危机感要自始至终伴随着个人或企业的整个发展阶段，切不可把危机管理当作一种临时性的措施或者当作一种权宜之计来对待。在个人或企业的发展过程中，一定要重视与公众以及社会各界的沟通。

（2）危机预警系统的构建。当今时代开放性的特性使得个人或企业保持着一种与外界的密切联系，而不是孤立存在的。因此，对于危机的预防一定要建立一套极度灵敏精确的危机预警系统，并及时收集相关的反馈信息，一旦出现问题可以进行第一时间的跟踪调查并及时进行解决。另外对于企业来说，还要适时掌握政策决策信息，对于企业的发展战略和经营方针进行相应的研究和调整。

（3）建立危机管理小组，制订危机处理计划。危机管理小组成立的意义在于提前制订预防危机出现的计划，以及当危机出现时可以及时制定出相应的应对策略。危机管理小组的成员必须具备创新能力、沟通能力、亲和力以及严谨细致、处乱不惊的专业素质，以便对危机有相应的处理能力。

（4）对危机管理进行模拟训练。加强在危机管理方面的模拟训练，可以很好地增强个人或企业的危机感。根据预先制订的危机管理计划定期进行模拟训练，不仅可以检测危机管理小组的快速反应能力，强化所有成员的危机意识，还可以对拟订的危机管理计划进行检测，并做出相应的调整。

综上所述，危机自我管理机制的构建需要的是多方面能力的结合，其中还包括自我心态管理能力、自我心智管理能力、自我形象管理能力、自我激励管理能力以及自我角色认知能力等方面的综合素质。所以无论是个人还是企业都要学会进行危机自我管理机制的建设，只有这样才能有效地预防危机的发生。

### 思考题

（1）自己是否有完善的危机自我管理机制？
（2）危机自我管理机制的核心是什么？
（3）结合自身情况，列举危机自我管理机制的要素。

# 第五章
# 沟通干：先行动，再沟通研究

大多数人觉得，在执行之前应该先沟通研究，以确保任何细枝末节解决之后再执行，这样可以保证执行更加顺畅。然而，很多时候，我们就是在沟通研究的过程中错过了很多机会，让执行变得更加困难。那么，先执行，遇到问题再沟通研究会怎么样，是不是会阻碍执行力的效果呢？

# 不要把时间浪费在沟通研究上

时间都去哪儿了？这是近年来非常流行的一种疑问，也是很多人对时间流逝迅速的一种感慨。的确，时间就在我们不知不觉中匆匆流逝了。孔子云："逝者如斯夫，不舍昼夜。"通常，你的时间花费在哪个方面，你就会在哪个方面有所成就。

前面我们提到，需要把时间放在行动上，在行动中去总结，去完善，去调整，只有经过这些环节才能让我们不断向成功靠近。一个项目或一件事情的成功离不开两个方面：一是精密的策略或计划，市场活动，方案先行，一个完整的策划案可以让执行者执行起来更容易，也会收到很好的预期效果；二是要付诸行动，有了方案之后就需要执行力来保证方案的顺利实施。

以上两个方面是相互影响相互促进的，经过沟通研究的方案为执行提供了方向，而方案能否取得成功和实施需要行动来提供支持。然而，在现实生活或工作中，绝大多数人或者企业领导习惯于把更多的时间放在对个人或企业未来发展的沟通研究上，几乎把 80% 的时间都用在了如何做出更好的计划或方案，反而没有把更多的精力或时间放在积极行动上。但是，还有一种人是在制定出方案之后把更多时间和精力放在执行上面，在执行的过程中发现方案存在的不足与缺陷，进而去完善，并始终紧盯目标，在不改变目标的前提下，为了实现目标而努力想办法解决出现的问题，属于重实干轻计划的类型。

针对以上情况，不同的人持有不同的态度，时间究竟应该是放在沟通研究上还是应该放在行动上呢？一些人重沟通研究而轻执行，在他们看来，对每个细节以及未来出现的任何问题都要进行详细的沟通与研究，每天的时间都花费在如何避免问题的出现，而迟迟不去行动或者说是不敢去行动，最终所有的想法或方案只能是空纸一张，这类人我们称之为"空想派"。

还有一些人则持相反的态度，在他们看来，方案固然是要经过精密的沟通与研究以方便团队成员轻松有效地执行，但是更多的注意力或重心应该放在行动上面，方案永远不会是最圆满的，计划永远赶不上变化，方案只有在执行的过程中才能不断进行完善和调整，这些人我们可以称之为"行动派"。在行动派的眼里，所有的方案即使经过再精密的沟通研究也无法保证在执行的过程中不会出现问题，只有通过行动才能发现其中的不足之处，发现方案的短板所在，进而通过不断地优化来达到预期的目的。

在 2005 年前后，小王在一家企业工作，记得有一次给一家企业做项目，对方觉得小王报的价格高，要求再降百分之一。按照公司规定以及通过小王的测算，这是完全可以接受的，但在给对方回复之前小王需要向老板汇报。

小王给老板汇报之后，老板说这件事情我们在本周总裁办公会上探讨一下再决定吧，而当时距离总裁办公会还有 4 天时间。尽管小王当时做了深度分析，老板依然坚持要上总裁办公会讨论。

无奈，只能等待开会研究。4 天后在总裁办公会上，就小王这个问题讨论了半个小时，最后的结果还是当时小王向老板汇报时的建议，同意再降百分之一。而如果当时相关人员能够电话沟通当场敲定的话，合同已经签订，对方的预付款也许已经到账了。也就是说，整个事情被拖延了 4 天。

## 执行力是干出来的

空想派和行动派在当代社会都是普遍存在的，在空想派看来，多数时间必须放在内部沟通与方案的研究上，而不是通过与社会各界的联系与行动来促进企业或个人的发展和进步。在行动派的眼里，行动是放在第一位的，企业的发展和个人的成功需要的不是纸上谈兵，唯有行动也就是一流的执行力才能把事情做好。

综合以上两种类型的想法，我们不难得出结论：当你把时间放在哪里，你的成就就在哪里，如果成天喝酒，你就是一个酒鬼；如果每天都在进行推销，那你就会成为一个推销高手；如果把时间放在生意上面，那你就是一个商人。

同样地，如果把时间放在每天的沟通研究上面，你最终会成为一个空想家；如果把时间放在每天持续不断的行动上面，每天都在朝着自己的目标一点一点前进，最终你会成为一个行动家。

成就来自从不间断的行动，没有任何人可以通过每天的幻想成为一个成功的人。成功是每个人都渴望的，成功离不开精密的计划以及不断的行动。所以，在制定了发展规划后，接下来要做的就是行动，是执行。当你把更多的时间放在行动上面，就会发现起步阶段确实比较难，总会出现各种各样的小问题，这些小问题会让你焦头烂额。当你被折磨得实在受不了想要放弃时，告诉自己再坚持一下，因为这个时候你已站在离成功最近的地方。所以，把更多的时间放在行动上吧，只有行动才会让梦想变成现实，才会让我们的目标有实现的可能。

### 思考题

（1）你是空想派还是行动派？

（2）对于时间，你有自己的管理机制吗？

（3）你的时间一般花在哪些事情上面？

## 方向正确，即刻执行

方向不对，努力白费，人生最可怕的就是终日奔波劳碌，可是所做的却是无用功。而成功人士则有非常清晰的目标，对于目标或要达到的结果都是非常明确的。有了清晰的目标做导向，在奋斗的过程中，既可以保证必要的效率，又可以确保不会出现迷茫的状态。所以，我们要想人生有所成就，一定要确立一个正确的方向。

在自媒体视频作者李子柒2015年发的一篇微博中，她这样说："不管结果怎样，我都会努力去做，或许会失败，但至少我不会有遗憾。"

我们现在看到，李子柒成功了，她选的道路是正确的，她从业的方向是正确的。其实，回顾她大火之前的历程，她的成功并不是偶然。

李子柒没怎么上过学，在看到互联网短视频的商业未来后，加上自己的兴趣，她便立即开始行动进行视频制作，一边行动一边学习，一边学习一边行动。据相关报道，刚开始就她一个人，做得很辛苦，要拍摄、要演示、要剪辑等等，总之所有的工作都是她一个人完成，而且刚开始的时候并不是很成功，没有多少人关注她。但有一点可以肯定，如果没有行动，那么，她一定不会这么快成功。

在确定正确的方向之后，接下来要做的就是即刻执行，执行力才是目标或计划实现的保证。这是成功的途径，也是成功的一种标记，生活中所有的人都在强调即刻执行的重要性,但实际情况却是许多人都徘徊于迟缓与犹豫之中,因此封存了潜能,封杀了产生奇迹的奇妙力量或想要的结果。我们不妨来解读一下,在确定正确方向之后该怎样去进行有效的执行。

(1)勇敢迈出第一步。托马斯·斯莱克博士说过:"我能够达到今天的高度,完全是因为我总是考察如何动手去做,老是想东想西,瞻前顾后,优柔寡断,是绝不会成功的。"执行力的天敌当属拖延、找借口,这是多数人都滋生的习惯。在芸芸众生中,那些能够战胜这些缺点的人成了成功者,成为让人们学习的标杆。纵览古今成功人士,我们不难总结出他们所具备的几种特质:

首先,他们坚定一个正确的信念就是即刻行动。绝大多数人要么是原地踏步,要么是后退或者不肯迈出第一步,永远处在准备之中,当然做好准备是必要的,但是一味地准备只能让我们的思想僵化,只有即刻行动才会发现新的思路和解决办法,也才能达到我们的预期效果。

其次,确立坚定的信念之后,就需要有一个正确的方法作指导,在前进的路上总会遇到各种各样的困难,我们要坚信方法永远比困难多。西方有句谚语:"才智和勇气必定满意地与机遇共享荣誉。"这里所说的才智其实就是做事的智慧。在面对大大小小的不同事务时,我们需要采用不同的处理方式。首先要把必须要做的小事做好以此来增强自己的积极心态,另外我们会在行动的过程中迸发出很多的灵感,这个时候不妨把这些灵感记录下来,然后再慢慢地进行转化。对于大事还要从长计议,从长远的角度来解决遇到的问题。

(2)当决定要做某件事情时,要抱有一种"做到底,出结果"的态度。打个简单的比方,比如我们是一个供应商,自身所具有的素质和能力就是我们提供的产品,显然,每个人提供的产品形态各异,价格也是高低不等。为了给客户提供更优质的产品,就必须不断提升自己的能力。确定正确的方向后通过积极的行动来让自己的能力得到提升,不断优化自己的产品，让自己不断升值。只有达到这样的结果，我们自身才会升值。

（3）在行动的过程中不断优化、改善自己的行为标准，这样做可以让自己的行动符合规律和时代要求。那么如何做才能优化我们的行为呢？每个执行者在行动中的表现都是不一样的，难免会出现差错，因此在行动中遇到他人批评指导时要虚心接受，并进行自我改进和调整。

（4）实践之后进行积极的反思和总结。对于行动之后的结果要进行评估，找出当前取得的结果与行动之前制定的目标之间的差距，发现其中的不足与缺陷，并对这些问题进行分析和总结，扬长避短，将优势进一步发挥，对于不足进行修正。

总的来说，在行动的过程中，一定要有正确的方向作指导，在不改变总体方向的前提下，不断在行动中进行修正和改进，对自己的行为进行反思，只有在这种不断反思改进的过程中，才能积累真正能够指导我们向成功靠拢的经验。

### 思考题

（1）你行动的方向正确吗？
（2）在确定行动方向后，你有没有立刻去执行？
（3）分析方向正确与方向错误的执行结果。

## 你会开会吗

所谓开会，就是将相关人员召集在一起商量事情，对于企业来说，开会的相关人员包括企业负责人、中层管理者以及一线执行员工。开会的目的是针对出现的问题进行讨论和研究，找出解决的方法。一个企业之所以要开会，是因为想要完成一项具体的任务或工作，仅靠个人的能力和经验无法达到解决问题的目的，需要综合团队的力量共同配合来解决。

信息爆炸的社会，市场的竞争异常激烈，尤其对于企业而言需要通过开会这种方式进行信息的互通以及部门之间的合作来共同达到目的。可以说，开会的目的就是决定某件事情该不该做，如何做等，换言之，开会对于企业的发展起到引领性的作用。

然而，我们真的会开会吗？我曾经遇到相当一部分管理者，一个很小的事情本可以让一个项目经理去决定，却要专门开会表决；一个电话就能够沟通好的事情，却要召集四面八方的人员开会决定。显然，这种会议是浪费时间与精力等资源的体现，从长远讲，更是一种执行力的滞后。

那么，我们该怎样正确地开会，开有效的会议呢？

（1）不开无准备之会。以三星公司为例，这家公司之所以能够取得今天的成就，原因之一是他们会议的高效程度，因为三星的会议全部是在做了充分的准备之后才进行的。时间成本是开会最大的投入，开一个没有结果的会议就是浪费时间，所以在开会之前一定要明确开会的目的以及需要解决的问题是什么。

（2）明确开会的流程。不同性质的会议流程有所不同，如果是规模较大的会议需要领导先发言，接着再由各级主管一一发言，有层次地解决问题。如果是规模相对较小的会议比如小组讨论会就比较随意和简单了。但是，无论是大会还是小会都不能离开一个主题，必须紧紧围绕一个中心进行讨论。

（3）开解决问题的会议。开会一般就是对于前期的工作进行总结，对于之后的工作进行安排，如果在会议上每次做的都是同样的报告，提出的也都是同样的问题，总是报喜不报忧，直到领导发现问题才想着去解决，那么这样的会议将是无效的，是对别人时间的极度不尊重。

（4）责任、分工要明确。开会的目的一定是为了解决问题，问题一定是出在了人身上，如果出现相互之间推卸责任的情况，一定是没有把工作具体到人或者没有制定详细的奖惩措施，因此在开会之前一定要将具体工作和责任落实到人。

（5）会后总结和实施结果评估。对于发现的问题进行分析和总结，需要明确的一点是，开会的目的是找到解决问题的方式方法，问题的彻底解决需要会后的执行，为此，会后要对问题进行跟踪与监督。相反，如果会议结束后无人对问题进行跟踪，无人监督具体方案的执行情况，不进行及时的总结与反思，那么，开会就没有任何意义。

综上所述，每个成功的企业必然有一个成熟的会议文化，一些成功企业的会议都具备以下显著特点：

无论大会还是小会都有明确的主题，提前做好充足的准备；所有的会议必有明确的纪律要求，对于迟到、会上发言以及小组讨论都有明确的制度要求；开会之前必定制定相应的议程，对于会上每一项的工作要求以及每个人发言的时间要求都有规定；对于主持人以及会议各个环节都有明确的流程；最重要的一点就是开会必然要有结果。

开会的有效程度决定着企业未来发展的顺利程度，所以，每一个企业及管理者都要懂得开会，确保每一个问题在会上都能得到集中解决，确保后期的工作都能顺利进行。

### 思考题

（1）你有没有开过无效的或者让你生厌的会议？

（2）高效会议的关键要素是什么？

（3）从执行力的角度制定开会的标准。

## 把细节留在执行的路上

细节是一种修为，一种眼光；执行是一种能力，一种力量。细节决定成败，是执行能否顺利进行的保证；执行修正细节，只有在执行中才能取得成功。事业成于细节，赢在执行，如果没有执行，一切都是空谈。

这是一个细节制胜的时代，细节在很大程度上决定着一个人的命运，细微之处见真章，在微小的细节之中往往蕴藏着很多机遇。细节在无形之中对我们的一生有深远的影响。因此对细节方面的重视以及对制订的计划坚定不移地执行是所有成功人士所必备的品质。对于每一件小事的重视是成就大事的必备条件，立志于做大事的人很多，但是能坚持把小事或细节做到位的人却是极少数。

当今时代，我们面临的最大挑战就是执行的力度，执行力无论对于个人还是企业都具有十分重要的意义，只有在细节上下工夫，才能更好地提升执行力。但是，在具体实施的过程中会出现这样一个问题，细节是在执行前充分准备呢？还是在执行过程中完善解决呢？

我们常说，在做一件事情前一定要有充分的准备，这样才能保证最大程度的成功。从这个角度出发，细节似乎应该在执行前就想到或做好。但是，执行力强弱的判定有一个要素——效率。也就是说，在执行的过程中如果效率低，即使工作做得很好，也是一种执行力低下的表现，而如果我们在执行之前就反复论证细节问题，势必会影响执行的效率。所以，从执行力的角度讲，细节应该放在执行的路上解决。

2020年年初，新冠病毒来袭，举国上下共抗疫情，此时，各地防护口罩需求不断告急。

某企业老总连夜召开高层会议，研究上马口罩生产项目。老总要求，第二天就要行动，改建车间、购买设备等，一位高管提出异议说："这太着急了吧，细节都没有确定，不敢保证是否能够成功。"

老总斩钉截铁地说："大的趋势已定，细节在执行中再定。"

就这样，这个企业在短短一个星期的时间便投入了生产。后来事实证明，快速上马口罩生产项目，不但解决了民众对口罩的需求，更为企业带来了可观的效益。

所以，在大方向确定的情况下，不要因为细节问题而拖延。一方面，一件事情在做之前，我们想到的细节问题往往是有限的；另一方面，在执行的过程中，由于一些变量因素，常常会出现一些新细节问题，而这些是我们事前难以想到的。比如你准备学习英语课程，想要在课堂上给老师一个良好的印象，想把细节做好，这个想法没有错，但是你不能花太多的时间去猜测老师会提什么问题，你要用什么方式回答，因为老师提什么问题是由老师决定的，用什么方式回答要看当时的情况和氛围，也就是说，在你有了学习英语这个想法之后，立刻去执行，至于如何给老师留下良好的印象，这是在执行中才需要去解决的细节问题。

将细节做好就是完美的执行，细节需要在执行的过程中进行完善，如果不去执行而总在细节上大谈特谈，所有的方案就只能成为一纸空文。没有任何方案是十全十美的，也不能保证每一个细节都能做到极致，没有执行就不可能对细节进行完善，没有执行，所有的细节也只能是空谈和设想。在当今这个日新月异的时代，只有那些勇于行动的人，能够迅速执行的人才会取得事业上的发展和进步，一步一步向成功靠拢。

细节是在不断的行动之中才能得到完善的，只有通过执行才能让我们

执行力是干出来的

不断发现存在的问题，进而通过分析找出解决问题的措施，接着在行动中不断去修正、去完善各个细节，然后对于实施的结果进行评估，并从中进一步找出问题的所在，细节只有在执行中才能不断得以完善。

我们正处在一个细节制胜的时代，无论是企业还是个人，绝大多数的成功都是建立在平时一点一滴的积累上，通过日积月累的坚持，做好每一个细节，并将这些细节在实际的执行过程中不断进行优化。

**思考题**

（1）你是否因为过多思考细节问题而影响了执行力？
（2）思考"细节决定成败"在具体执行中的含义。
（3）把细节留在执行的过程中解决的优势是什么？

# 执行中要敢于主动沟通

主动沟通是一种个人执行力的表现，沟通的主体是人，它是与别人或者与群体之间进行的一种思想和情感的传递过程。沟通是为了解决问题，是为了一个事先预设的目标，通过言语或肢体，将信息、思想和情感进行传递并且达成一个共同目标的过程。而这个目标的快速高效达成，在于勇敢地主动进行沟通。

生活中，我们经常会遇到这样一类人，他们遇到问题后，由于种种原因不愿意沟通，或者是胆怯沟通。比如当问题出现后，因为与对方有矛盾，不想沟通；因为担心丢失面子，不愿沟通；因为担心被领导批评，胆怯沟通，等等。导致的结果是问题迟迟不能解决，以致问题越来越多，最后无法解决，执行力严重下降。

前几年在农村居住的时候，邻居中有一对刚结婚的小青年，有一天，不知道什么原因，妻子发脾气收拾东西回娘家了，丈夫也没搞明白是什么原因，心想，过几天气消了就回来了。

可是，过了好多天，媳妇依然没有回来，家里人劝年轻人打电话问问妻子，年轻人却很固执地说："不打，爱来不来！"

就这样，又过了很多天，妻子依然没有回来，年轻人有些坐不住了，于是请了村里有威望的人陪他去媳妇家里喊她。

娘家人问年轻人："你知道她为什么生气吗？"

年轻人说："不知道啊！"

娘家人说："连她为什么生气都不知道你来干什么？以后还怎么生活？"

最后，在中间人的调解下，丈夫才明白媳妇回娘家的原因。原来是因为那天情人节，丈夫没有买礼物给她。而就是这个小小的事情，让两人冷战了好多天，还打扰了娘家人。

沟通不及时，执行必受阻。所以，要深入了解敢于主动沟通的意义。首先我们来了解一下沟通的意义是什么：

（1）主动沟通是人类进行社会活动的基础，也是人类社会得以发展的必要条件，是沟通带动了社会的发展和进步，可以说，没有沟通，就没有持续发展的人类社会。

（2）沟通对于所有企业及个人来说都是发展的关键所在，如果企业内部部门之间或者员工之间没有及时有效的沟通，就不会带动企业的良性发展，没有沟通也就无从谈起有效管理，更会影响企业发展的竞争力和发展前景。

（3）良好人际关系的构建离不开沟通，沟通也是人际情感的基石，沟通对于良性人际关系的发展起着至关重要的作用。

（4）在工作中，敢于主动沟通对于个人工作效率的提升有决定性的作用，善于沟通的人可以快速打开工作局面，为自己创造良好的工作环境，也为自己赢得更好的发展空间。

从以上四个方面可以看出，敢于主动沟通对于一个人的发展及执行力的提升有强烈的推动作用。那么，我们如何才能做到遇到问题敢于主动沟通呢？

（1）积极主动。当有问题出现自己无法定夺解决，或者需要他人帮助的时候，要积极主动地与相关人员沟通，放下面子，不懂就问。我们要明白，沟通是提高工作效率的主要途径，是与同事和睦相处的前提。

（2）敢于沟通。不要担心自己会说错话，敢于表达自己的观点是一种优秀的品质，更是沟通的基础。无论你面对的问题多么棘手，对方与你有多大的矛盾，始终要把重心放在问题上，不要感情用事，勇敢地与对方沟通才是高效解决问题的最好方式。

（3）主动认错。很多时候，当我们犯错之后，如前面所讲，担心被领导批评，担心丢面子，本可以大家合作一分钟解决的事情，却因为固执选择不沟通，导致一个小时、十个小时乃至更长时间都无法解决，造成执行力严重下降。所以，当犯错时，首先要认识到自己的错误，并主动承认错误，寻求帮助，这才是高效做事的最好方式。

多一点沟通，多一点执行力和理解，只有在执行过程中进行持续不断的沟通才会让问题越来越少。沟通让团队气氛更和谐，让团队成员执行力更高效，也只有通过沟通才能在行动中不断优化方案，将细节做到完美精细。

### 思考题

（1）自己是否曾因为面子问题而拒绝沟通？

（2）自己是否曾因为不敢沟通而造成一些损失？

（3）遇到问题时，无法进行主动沟通的原因有哪些？如何解决？

# 预估问题，提前沟通

"凡事预则立，不预则废"，预即预估的意思，这句话说的是所有的事情要想取得预期的结果就需要对事情的整个发展过程进行预估和判断，根据自己已有的经验、知识及能力对于未来可能出现的问题采取相应的应对策略，并收集相关信息与所有参与者提前进行沟通，拿出相应的解决方案。简单来说，预估是一个过程，一个对于要达到目标进行资料的收集以及认定相关问题的过程，是把所有相关服务对象的资料进行组织，以便进行有意义的专业实践活动。

预估是一种能力的体现，对问题进行预估之后提前与相关人员进行沟通可以有效地达到预期的目的。比如对于一个企业来说，预估问题主要有以下几方面的作用：

（1）预估问题对于客户满意度的提高以及企业竞争力的提升有着很重要的影响。以教育机构为例，当家长把孩子送到培训学校之后，需求是孩子成绩和学习兴趣的提高，如果培训机构对于家长的需求没有进行精准的预估，无法提前或者至少在规定期限内满足家长对于孩子预期成绩的要求，就会很容易导致客户的流失。因此，学校要想满足家长的要求，事先要进行准确的预测，并与家长进行良好的沟通，如此才能让执行更加有效。

（2）预估问题可以保证企业的安全库存。对于所有企业来说，资金的流动是有一定限额的，企业的生产或者进行的采购都是在限定的资金范围内进行的。对于产品安全库存的准确预估可以较大程度地降低企业经营中的风险。另外，准确的预估可以很大程度上降低企业因库存产品时间的问题带来的浪费。

（3）预估问题可以有效指导企业来安排生产。企业可以根据往年同期生产的产品，以及当年生产的增长率进行当年或当期产品生产的预估，从而有效地进行产品生产。

显然，预估问题对于企业的发展运营来说是必不可少的一个环节，同样，对于个人来说也是如此。俗话说"知己知彼，百战百胜"，对问题进行预估可避免及减少在执行中遇到的问题。

当然，预估是高效执行的前提，而沟通才是高效执行的关键。如果只有预估没有沟通，或者沟通不畅，那么，问题依然还是问题，预估就是白费，只有在预估后进行有效的沟通，才能解决预估出的问题。

举一个简单的例子，有一个人要去登一座山，通过了解，得知这座山海拔很高，山中树林茂密，有狼及其他凶猛动物出现，异常危险。随后，他便买了一个狼牙棒只身上山了，上山后狼果然出现了，他想用狼牙棒击退前来攻击他的狼，但效果甚微，最后侥幸逃出了狼的围攻，回到了山下。这个人之所以未能登上山顶，是因为他虽然预估到了登山会有狼的阻挠，同时也买了对付狼的工具，但是，他并不知道如何对付狼，这个工具是否能够对付狼。

如果在上山之前，他能够与一些有经验的人进行沟通，学习对付狼的方法和工具的使用技巧，那么，他就有可能击退狼的攻击，登到山顶。

所以，预估是基础，沟通是关键。在沟通过程中，可以对预估问题进行分析和修正。沟通的目的就是对于之前收集的资料进行综合分析，经过筛选和判断，留下最为精准的信息，使自己的认识上升到一个新的高度，从而看到事物发展的本质，通过沟通对于未来有更理性的判断。

此外，对预估问题进行沟通的过程中，要编写可行性预估报告。在预估问题的基础之上经过分析和评估对沟通结果进行整理，并根据得到的最新信息编制可行的预估报告以便更好地执行。实践表明，预估问题，提前沟通可以很好地避免出现不必要的问题，也能对执行过程中出现的突发性事件进行快速有效的处理。

**思考题**

（1）预估问题和提前沟通的关键是什么？

（2）只有预估而没有沟通，会造成什么结果？

（3）预估问题和沟通应该如何进行有效衔接？

# 提高沟通效率的技巧

沟通效率指的是沟通双方从共同的利益点出发，对于沟通的时间、方式、快捷程度以及信息传递所产生的效应和节奏进行把握而带来的效果。其中，有效的结果是沟通的一个重要参考标准。

沟通效率的高低是企业能否进行有效管理的关键，也是一个人技能的体现。无论是企业管理者还是员工，能否高效率地沟通是工作能否顺利进行的一个前提条件，沟通效率低下的企业必然会导致部门之间协调不畅，工作的流畅度也会受到影响。

一位企业高管要参加一次非常重要的会议，这位高管非常重视，全家人也非常激动，专门购买了一套名牌衣服。一家人在吃晚饭时，老婆问衣服是否合身。高管说:"挺好的,就是袖子长了两公分,不过不影响,可以穿。"

晚上,高管的母亲睡不着觉,惦记着儿子明天的活动,于是起床,帮儿子把衣袖剪短了两公分,缝好烫平。

第二天,妻子早早起床准备早饭,因为时间还早,便又将高管的衣袖剪短了两公分,缝好烫平……

出现这种情况的原因便是沟通不畅,或者没有及时沟通,最终是费时误工,执行力低下。

对于一个企业来说,首先,高效沟通可以提高工作效率,轻松化解管理方面的矛盾。其次,高效沟通对员工也是一种激励,对于团队健康、积极正向文化的形成有很好的促进作用。

所有人每天都在进行沟通活动,沟通的效果如何,是否有效,关键在于在沟通的时候是不是增加了一层人性的思考。那么,有哪些方法可以提高我们的沟通效率呢?

(1)坦诚相待。沟通切忌拐弯抹角,沟通的前提一定是坦诚相待,讲真话,直奔主题,不要带有太多的修饰。坦诚相待的品质尤其对于初次见面的双方而言更为重要,对于建立信任起到关键作用,只有坦诚相待,说实话,才会被对方认可。

(2)不要隐瞒自己的不足之处。每个人的知识水平都不一样,每个人的知识量都是有限及不同的,所以,对于自己知道的或者擅长的就要如实表达出来;反之,如果自己不清楚或者比较模糊的就照实说,切忌不懂装懂。自己不懂的,要主动去沟通了解,弥补自己的不足和短板。

(3)换位思考。走进对方的世界会让你的沟通效率得到显著的提升,站在对方的立场上思考问题,考虑用对方容易接受的方式进行沟通,这样的沟通效率会更高。如果在为客户提供服务或产品的过程中只站在自己的立场上，就很难赢得客户的信任。所以，当我们在与客户沟通时，能站在对方的角度思考问题，有些看似难以解决的问题会很快有效地解决。

（4）时刻注意对方的情绪变化。具体来说就是当你和对方沟通时，如果看到对方在情绪上有波动，要根据对方情绪的变化改变话术和沟通技巧。

（5）确定沟通的目标和主题。每次沟通前需要对沟通的诉求进行梳理和明确，你需要找谁沟通才能解决问题？沟通的目标是什么？这些都要明确，否则就是盲目沟通，容易在沟通中失去方向。

（6）沟通禁忌。不要使用负面的语气词，在沟通时一定要注意做到不批评、不抱怨、不指责，因为这些行为或言语是有效沟通的天敌；言语要点到为止，不该说的话就一定不要说，倘若说出过于伤人的话，效果就会适得其反，往往需要更多的沟通成本来弥补；不要带着情绪去沟通，带着情绪去沟通往往既伤人又伤己，在负面情绪中进行沟通会因一时冲动而失去理性。

### 思考题

（1）你有沟通方面的问题吗？

（2）对于沟通技巧，你了解多少？

（3）回想一下，自己沟通失败的经历，原因在哪里？

# 第六章
# 有序干：构建顺畅的执行流程

在乘坐公共交通时，如果没有先下后上的规则，当车到站之后，会是一种什么情况呢？必然是，想上的上不去，想下的下不来，这样会极大地影响上下车的效率。执行也是如此，有序而为，顺势而行，才是执行的正道。

执行力是干出来的

# 执行流程要清晰

执行流程是一个企业工作顺利开展的依据,执行流程是否清晰明确对于团队执行力有着至关重要的作用,流程的清晰度决定着预先制定的方案能否顺利进行。

继三个和尚没水喝之后,寺庙里又来了一个方丈。方丈为解决没水喝的问题,严肃地告诉三个和尚:以后谁没事谁下去挑水,水缸里绝不能没有水。

三个和尚听了之后,满口答应。但之后一段时间,方丈发现依然缺水喝,而且每个和尚似乎都很忙,扫院子、念经、打扫卫生等,每个人都在做事。怎么办呢?

最后,方丈又做了一个新规定,三个和尚每天轮流挑水,挑水的人挑完水后再做其他事。之后,寺院再也不缺水喝了。

显然,方丈做的第一个挑水决定,流程是不清晰的,导致执行困难。

清晰的执行流程可以提高企业的工作效率,保证企业的各项工作有序进行,清晰的流程可以让企业的发展更加正规化和流程化。

世界知名的连锁餐厅像麦当劳、肯德基、德克士等,它们之所以能够有如今的知名度,并且每一个店从装修风格、服务标准以及餐饮质量都保持一样,原因就在于它们有一套清晰完整以及严格的执行流程和制度,并且对于每一个工作流程的细节进行了明确的规定。

有了清晰的工作流程和标准，不仅可以保证产品的质量，而且还可以提高生产效率。更为重要的是，在这些标准化的流程贯彻执行后，一方面可以对产品的质量以及管理的规范化进行规定，另一方面可以降低企业对于技术人员的过度依赖，让新员工能够在较短时间内快速适应工作环境及节奏，有效降低管理的难度。

事实上，现在大多数公司都有一套属于自己的执行流程，这些流程对加强公司的运营以及成本管理有很大的作用。但是，让流程发挥作用的前提是，制定的这些流程可以被贯彻执行下去，不然将会流于形式。而被贯彻执行的另一个前提就是流程要清晰。我们需要从以下几点下工夫：

（1）对于工作流程进行精细设计，并对相关参与人员进行指导和培训。在对执行流程进行设计的时候一定要切合实际，切忌过于理想化，避免出现不具备可操作性以及流程设计不具体等问题，流程设计得不合理会导致后期的执行困难或根本无法执行。

（2）简洁高效。在流程制定精细化的基础上，流程要简洁高效，一是一，二是二，有层次地逐条说明。

（3）执行流程表达准确。执行流程制定之后，就要传递表达给执行者，在这个过程中，表达用词要力求准确，切忌用一些含糊、模棱两可、容易产生歧义的词语或表达方式。

（4）对于流程执行情况进行审计，确保流程的清晰度。在流程执行过程中需要定时对流程执行情况进行审计，通过审计查找出执行中存在的问题，并在此过程中进行改善，以此来保证流程的清晰度。

（5）执行流程的设计者要适时监督流程执行情况，确保流程能被有效地落地执行。各级经理人对于流程的执行情况必须做到及时督促，确保每个环节都能够责任到人，有问题能够及时处理调整。

（6）对于执行流程的关键环节，设置特定的绩效考核指标，并对这些

执行力是干出来的

指标进行考核和监控，从这些数据中监督流程的执行情况。

流程的清晰度是流程高效执行的基础，一支有着高执行效率的团队必将是一个有着清晰执行流程的团队。

### 思考题

（1）分析你目前的执行流程是否清晰。
（2）执行流程模糊不清的危害有哪些？
（3）如何才能保证流程的清晰度？

# 执行目标要明确

成功的人之所以会成功，不是因为比别人有多聪明，也不是因为比别人更幸运，是因为在和别人处于相同或类似的困境时，其他人因为暂时看不到希望而失去了信心，坚决实现目标的心态被动摇，最终放弃。而他们始终坚信自己的目标一定会实现，相信失败是暂时的，胜利终究会属于自己。

罗斯福总统的夫人上大学的时候，准备找一份电讯方面的工作以补助生活，于是，她的父亲为她引荐了一位他的好朋友，当时是美国无线电公司的董事长，叫萨尔洛夫。

在萨尔洛夫的办公室，他们进行了交谈。

萨尔洛夫微笑着问她："你想做什么样的工作？"

她说："随便吧。"

听到这话后,本来微笑的萨尔洛夫马上变得严肃起来,认真地说:"没有任何一个职位叫随便。"

本来很轻松的她,突然变得紧张起来,不知道如何是好。

随后,萨尔洛夫对她说,找工作没有明确的目标,在工作中就没有有力的执行力,这样工作便很难做好。

最后,萨尔洛夫通过沟通,了解了她的兴趣爱好,为其介绍了一份非常适合她的工作,当然,后来她做得也非常好。

目标是个人、团队或者企业所要期望达到的一个结果。很多人容易将目标、梦想和理想混淆,其实三者有很大区别,梦想相对是比较虚幻的,理想较之梦想更为实际一点,而目标则更加强调实践性,是在现实及实践的基础上制定的一个可实现的结果。目标之于我们个人或企业犹如航标之于帆船一样重要。一个企业尤其需要明确执行目标,如果执行目标不明确,所有活动的参与者将会失去努力的方向。很多人不清楚自己的任务,这将会导致执行效率的下降,最终使预先制定的目标无法实现。明确执行目标的意义具体表现为:

(1)让执行者执行时有清晰的方向。执行人员在执行的过程中,目标明确可让其知道每一个阶段所要达到的目标以及为了达到这个目标所进行的努力的方向。最重要的是可以让参与者充分了解自己每一个执行步骤的目的所在。

(2)让执行者在执行中分清事情的主次。高效的执行需要分清事情的轻重缓急,也就是说所有与目标无关的事情都是次要的,目标清晰有助于团队成员根据目标合理安排自己的时间,从而提高工作的效率。

(3)让执行者对自己的行为进行有效评估。以目标为导向来检讨自己行为的有效性,而明确的执行目标是基础,执行者可通过排除与目标无关的行为来提升执行效率。

（4）让执行参与者产生积极的心理暗示。执行目标在没有得到预期的效果之前，可以让执行者清楚地想象成功之后的情景，从而提高执行自信心，提升对工作的热情和动力。

显然，执行目标的明确与否对于个人和企业的重要性不言而喻，执行目标的制定必须是切实可行的，而且是一定能够达成的，所以在制定目标时一定要结合实际，根据外在的情况而定，以切实可行为标准，只有制定了可实现的目标才会不断增强自信心，促使完成每一个小目标，最终达到总目标的实现。

制定明确的执行目标应该注意哪些方面呢？

（1）量化执行目标。很多个人或团队之所以在执行中会迷茫，原因之一是对于制定的目标没有进行详细的分解，执行者只知道总体目标，而不知道如何执行才能实现这个总体目标。所以，要对执行总体目标进行量化，进一步明确执行目标。

（2）执行目标要形成纸质化的文件。执行目标被有效贯彻下去的一个重要因素就是要把目标形成书面性的文字。一方面，可以随时拿出来进行具体分析；另一方面，在执行人员众多的情况下，可以更加有效地全面明确地执行目标。

（3）列出实现目标所需要完成的工作清单。将完成目标可能遇到的问题列出来，并对相应的解决对策进行分析，调动相关资源对问题进行提前解决，保证执行流程的顺畅，也可以由此再一次深入地明确执行目标。

（4）对执行目标设定一个期限。执行总目标的实现靠的是一个又一个小目标的完成，因此必须对目标的实现阶段进行期限要求，只有这样才能激发团队执行的动力和潜能，促进最终目标的达成。

清晰的执行目标对于企业的发展有着至关重要的作用，企业或个人如果想取得进步就必须制定清晰的执行目标，清晰的执行目标可以让每个人都清楚自己的任务，确保人人头上有指标，这对于团队执行效率的提高有极大的促进作用。

### 思考题

（1）你现在是否有清晰的执行目标？

（2）在执行过程中，是否有目标更换的情况？为什么？

（3）在职业或生活上，你是否有短期的目标？目标是否明确？

## 完善执行检查机制

清晰的执行目标可以让团队成员人人头上有指标，人人知道在什么时间做什么事。但是在实现目标的过程中，要想执行的目标能够按预期实现，还需要注重一点，那就是对执行过程的检查及不断完善。

有一只非常厉害的猫，它每天能抓10只老鼠，老鼠们每天都心惊胆战。于是，领头的老鼠召集所有老鼠开会商议对策，最后决定，让老鼠在每个洞口轮流值班放哨，一看到猫就立马发出警报。

安排妥当，领头的老鼠和其他老鼠便回去睡觉了。

前几天都相安无事，但有一天，猫却成功突袭了正在偷吃的老鼠，十几只老鼠被猫抓走了。

原来，有一只老鼠在放哨的时候，因为偷懒睡觉去了，没有及时发出警报。

在这个故事中，为了防止被猫抓住，老鼠们做了放哨安排，但因为缺乏检查机制，导致在执行放哨过程中没有执行到位，所以猫有了偷袭的机会。

对执行过程进行检查和监督，能够保证在规定期限内完成既定目标。因此，不断完善执行检查机制，能够保证执行目标的实现。那么，执行检查机制是什么呢？

执行检查机制是对于执行过程中所有事项按照既定标准进行的跟踪检查，以此来明确各个环节及人员的职责明细，促进执行的落实，增强团队成员的执行力。对于一个企业或团队来说，执行检查机制的建设可以根据本企业的企业性质、人员多少和个体素养来考虑设置不同的机制。为了提高效率，可以根据执行流程及目标设置不同的小组，选取小组长负责本小组成员的职责分配。这样可以降低企业管理成本和沟通成本，提升每个参与者实现目标的积极性，也可以保证执行效率的提高。

执行检查机制的完善可以激发团队参与者在执行过程中的动力，保证每一个人都能按照既定目标有效执行下去，同时也是执行流程能否真正落地的重要保证。执行检查机制可以对执行过程中出现的问题进行及时有效的解决，避免问题的积压造成执行环节的不流畅。那么，究竟如何才能构建一个完善的执行检查机制呢？

（1）成立专项的检查小组。这是第一步也是最基础性的工作，专项检查小组的成立可以保证每件事都能责任到人，避免出现事情的推脱及不作为。

（2）开展不定时的短期检查。检查小组需要在月初制订出检查的计划和安排，在检查过程中还要做好记录，将找出的问题及时反馈给相关负责人，一起出谋划策，及时找出解决方案，将解决方案进一步落实，并对实施结果进行评估。

（3）专项执行检查机制的建立。针对经常性出现的难点问题，成立专项检查机制促使问题及时解决，不能及时解决的需采取相应的措施来缓解出现的问题或矛盾。

（4）对于整个流程进行全方位严格的综合检查。在执行流程结束后，专项检查小组需要做两方面的工作：一是对于执行的整个流程按照预先制定的标准进行严格的检查，查找出现的问题；二是进行指导，在对出现的问题找到解决措施后，做出预案以防止再次出现类似的问题，确保之后执行流程的顺畅。

（5）加强对于检查小组的督导工作。检查小组的组长和组员分别由不同部门的人员组成，这样可以保证检查的针对性、权威性和传播性。在检查之前对于工作事项及完成标准进行明确的规定，确保检查人员目标明确，责任清晰，同时也可以保证检查的公平和公正。

（6）完善对于检查信息的公示机制。及时将检查的信息和结果进行公示，让大家的工作透明度更高，也可以让执行者及时了解自己不足的地方以便进行改进，从而提高执行流程的效率。

执行检查机制的完善不仅可以保证所有参与者都能清楚地知道自己的职责，而且可以大大降低管理者在执行过程中的沟通成本和时间成本，对于提高团队的执行力有极大的促进作用。因此，作为企业的领导层在组织活动时一定要重视执行过程中检查机制的完善，只有加强这方面的监督和管理，才可以让企业走向正规化、系统化和流程化，也才能让企业在市场中保持活力。

### 思考题

（1）你所在的企业有完善的执行检查机制吗？

（2）分析你当下的执行检查机制，哪些地方需要改进？

（3）执行检查机制对执行力的影响有哪些？

执行力是干出来的

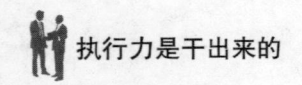

# 用制度规范执行流程

很多人都存在这样一个误区，认为制度就是条条框框，就是处罚，就是制定种种的标准来限制个人的行为等等。这是一个错误的认识，制度的制定不是为了限制某些行为，而是为了让工作有章可循，让执行更容易。

制度指的是需要大家共同遵守的办事规则或者行动准则，也是在特定的历史条件下形成的法令、礼俗等规范或者一定的规矩。

在不同的行业或部门的不同岗位都有不同的做事准则和标准，这些制度的规定，目的都是使各项工作可以按照预先制订的计划进行并达到预期的目的。一个成熟的企业或公司一定会有一个完善的制度，制度是企业发展能否步入正轨的关键性因素。如果没有统一和正式的制度做保障，执行就会变得异常混乱，企业的发展就会缺乏动力。

在"二战"期间，美国空军降落伞的合格率只有99.9%，也就是说，1000个伞兵当中会有一个人因为降落伞故障丧命。对此，军方要求厂家合格率要达到100%。厂家表示，99.9%已是极限。后来，军方在验收降落伞时，从即将交付的降落伞中随机挑选几个，然后让厂家负责人亲自跳伞测试。从此之后，厂家生产的降落伞合格率达到了100%。

这便是严格制度的作用，其能够让执行者快速进入状态，让执行更加规范、更有质量。

具体来说,制度对于执行流程具有以下意义:

(1)约束执行者的行为。制度具有约束性,完善的制度可以有效地约束和规范执行流程,有助于企业执行流程更加标准化、规范化,可以促进执行效率的提高。

(2)能够最大限度地发挥企业的综合优势。制度是根据总体目标而设定的,所以,完善的制度可以促进企业内外部进行更好的配合,可以有效避免由于员工能力的参差不齐而出现管理上的被动。

(3)可以让执行者快速高效地进入状态。对于一些没有涉足某领域的员工来说,往往很难快速地进入执行状态,而合理的制度可以引导执行者快速地进入执行状态,提升执行者的执行力,降低执行过程中的沟通成本和时间成本。

(4)可以创造公平公正的平台和机会。通常,制度不是针对某一个人,而是针对大家制定的,所以,它是公平的,同时能够有效激发员工的积极性,有利于提高团队的整体效率。

总体来看,企业执行流程的制度化可以让企业的经营模式、发展战略、企业文化、管理模式等形成纸质化的文件,从而避免团队管理中的一些不稳定因素,确保新入职员工能够迅速进入工作状态,使企业的整体目标有效实现。

因此,企业需要根据自己的实际情况进行执行流程的制度化建设,规范执行流程,具体操作步骤如下:

(1)对执行流程进行制度化建设。每个团队、公司都有制度,但这些制度很少涉及执行,为此,我们要有意识地将制度向执行靠近,使执行制度化。同时,执行制度应由企业的高管以及人事行政部牵头制定,将制度与执行相结合。

(2)执行过程注重制度的落地实施。制度制定完善之后,最重要的一步就是落地实施,没有落地实施的制度等同于纸上谈兵,无任何意义。因此，在执行过程中，具体的执行应由部门负责人落地实施。

（3）在执行过程中对于制度不断进行完善。变化与发展是一个恒定的规律，没有任何事是一成不变的，在执行过程中对于出现的与实际不符的或者需要修改的地方，要及时进行调整，特别是注意细节上的完善。

对企业的执行流程进行制度化管理，是企业迈向规范化管理的重要一步，企业需要在执行过程中按照执行标准循序渐进，持之以恒，不断完善和修正执行制度，这样才能够帮助提高企业执行效率。

### 思考题

（1）制度与执行力的关系是什么？

（2）制度与执行力如何才能有效地融合？

（3）制度对执行流程的规范意义是什么？

## 抓大放小，分清主次

抓大放小，分清主次，意思是指抓住事物的主要矛盾或矛盾的主要方面，对于主要矛盾或矛盾主要方面进行宏观调控，而对于次要矛盾或者矛盾的次要方面进行微观调节即可。抓大放小，分清主次既是一种管理理念，又是一种非常实用的管理方式。

在一个动物园里，有一只袋鼠从笼子里跑了出来，管理员召集大家讨论，大家都认为是笼子太低了，于是，把笼子加高了30厘米。第二天，又有一只袋鼠跑了出来，大家又把笼子加高了20厘米。

这时，隔壁的长颈鹿问袋鼠："他们会不会再加高你的笼子呢？"

袋鼠说："不好说，这要看他们是不是能够记起走的时候忘记关门这件事。"

这个故事告诉我们，关门是主，加高笼子是次；关门是大，加高笼子是小。如果主要事情做不好，次要事情便没有了意义。

学会抓大放小，分清主次对于个人或企业都具有重要意义，可以让工作效率更加高效，同时对于目标的有效实现起到了极大的促进作用。比如作为企业管理者，我们不可能事必躬亲，要学会分清主次，抓住主要矛盾，可从这四个方面进行考量：第一，是不是把时间分给了靠谱的人或事；第二，金钱是否花到了该花的地方，切忌做金钱的奴隶；第三，学会跟能实现自己价值的人在一起；第四，明确自己真正想要的是什么。

就个人而言，对于以上四个方面进行清晰的把握可以让你的个人目标更清晰。尤其是对于企业的负责人或者中层管理者而言，学会抓大放小对于团队执行力的提高以及实现企业的战略发展目标具有十分重要的意义。

比如对于企业管理者来说，管理者是一个企业的核心，是团队的领航人，每天要面对各种事物，倘若每件事情都亲力亲为，容易眉毛胡子一把抓，这样自己的执行力低不说，还会影响整个企业的效率。同时，管理者的忙乱会给团队成员造成负面的影响，不仅会挫伤成员的积极性和主观能动性，还会导致你在下属面前威信的降低。

所以，我们在执行的过程中要懂得在主次之间进行取舍，对于权力做到该放就放，给予下属足够的施展空间。有些人是通过自己的努力从基层慢慢做到了中层或高层，往往对于工作习惯于面面俱到，事事亲自出马，生怕事情会出现问题。有些人因为性格等方面的因素，属于激进派，做事急于做出成效，无论大小事务通通亲自出马，所有事务事必躬亲。

以上两种人看似执行很认真，但极容易出现执行混乱的情况，比如该做的事情没有做完或者没有做，不该做的事情做完了，导致出现执行断裂的情况。此外，有些人会想："与其安排下属不如自己亲自去做。"即使下属完成某项任务之后还要进行检查或亲自再做一遍。这就是保姆式的管理者，这种做法长期进行下去，让自己疲惫不堪不说，还会让员工慢慢养成懒散、被动、拖延的毛病，失去主动思考的能力和前进的压力，最终导致整个团队的执行力下降。

显然，作为企业管理者，一定要站在一定的高度看问题，要有驾驭全局的能力和水平，要学会分析问题，善于从出现的问题分析根本原因，把握事情的主要矛盾和大方向，抓大放小，分清主次。要学会放权，对下属给予足够的信任，让下属或部门负责人去做具体的事情，自己做好对于全局的把控。那么，具体工作中如何分清主次，抓大放小呢？

（1）抓住主要问题的主要矛盾。矛盾是事物发展的动力，矛盾存在于事物发展的各个阶段，但是每个阶段的主要矛盾和出现的问题都是不一样的，所以要区分事物的主要矛盾及主要矛盾的主要方面。

（2）善于抓重点。工作的复杂性要求管理者善于找出重点、抓住重点及抓好重点，这是一个执行者必须修炼的能力。但在实际工作中，很多执行者经常会眉毛胡子一把抓，按部就班，不讲方法。因此要学会在工作中抓重点。

（3）通过不断学习和总结，修炼精力的分配能力。在实践中不断提升自己善于抓住重点的能力，从而能够快速地确保自己把80%的精力放在20%的重要事情上，并形成一种习惯和素养。

抓大放小，分清主次是一种能力，需要在实践中不断去修炼，只有抓住重点才能将执行的效率不断提升。

### 思考题

（1）当下，你会每天为一些琐事困扰吗？原因是什么？

（2）抓大放小的评判标准是什么？

（3）抓大放小理念对执行力的影响是什么？

## 职责到位，互不干扰

职责即为职位责任，是指相关责任人在完成某项工作时，需要承担的相应责任。职责是一种严谨的职业态度，是一种自律的品格，它是一种使命，也是一种对于完美的追求。职责到位指的就是将自己职责范围内的事情做到位，恪尽职守，按照上级领导制定的标准严格执行。对于一个企业来说，只有各个部门以及每个员工做到各司其职，互不干扰，才可以确保企业整体发展的高效性。

首先，要想做到职责到位，互不干扰，我们必须要有强烈的责任心来要求自己，在工作中时刻提醒自己责任是什么，是否已经尽责，只有执行者明白这两个问题，才能保证基本的执行效率。

职责到位要求把责任落实到位，要求执行者在工作中做到尽职尽责。尽职是负责的一个重要表现，也是责任落实的基础，只有尽职才能扎实地做好本职工作。

在南京，有一座古城墙叫南京明城墙，是我国保存比较完整的古城墙之一。据记载，该城墙所用的砖块是长江中下游150多个府（州）、县所烧制的。砖块的侧面刻有烧制时间、烧制府县以及4个负责烧制人的名字，分别是监造官、烧窑匠、制砖人、提调官（运输官）。

显然，将这些信息刻在砖块上的目的很明确，就是要职责分明，责

执行力是干出来的

任到位，只有这样才能执行到位，才保证了南京明城墙历经600多年的风雨，仍巍然屹立。

在实际工作的执行中，往往会出现这样的现象，表面上看人人都在工作，但是在工作中总是想着投机取巧，表面一套，背后一套。执行无法落到实处，这是一种明显职责不到位的情况，这样的人执行力往往很低，而且这种表现不仅不是尽职，反而是不务实的工作作风。我们身边就有很多这样的人，平时看他们个个工作都很认真，都很忙，但是细致观察会发现，要么做了自己职责范围外的事情，而该自己做的却没有做；要么每天很清闲，而该自己做的却做不完善。

因此，在执行的过程中首先要职责到位，具体表现在：

（1）把相关责任落到实处，主动承担责任。在实际执行中，由于决策失误或者其他原因影响工作进展的情况是不可避免的，也是一种正常现象，但是一旦出现失误，相关执行者需要主动站出来承担责任，这是体现执行者职责是否到位的标志。而如果无人出来承担责任，说明职责不到位，执行力有待提高。

（2）出现问题，相关执行者及时提出解决方案。承担责任是本质，解决问题是动力，如果仅仅是执行者承担了责任，而无法解决，从执行力的角度讲是没有任何意义的，只有着力去解决，才是职责到位的具体体现。

职责到位是一种负责任的态度，也是一种个人涵养的表现，更是有序执行的要素。所以，一定要将职责进行明确，互不干扰，确保人尽其职。

### 思考题

（1）你对自己的工作职责是否明确？

（2）职责不明确带来的常见问题有哪些？

（3）有什么好的措施来改善职责不到位的情况？

## 分工明确，上达下畅

在一个动物王国，狐狸是负责运送快递的快递员。一次，狮子买了一件东西，本想着第二天早上可以送达，可令它失望的是没有送到。

狮子越想越生气，找到狐狸准备教训一顿。可狐狸委屈地说："我们每天一刻不停地送快递，晚上还要休息，如果能有一个晚上不睡觉的家伙送快递就好了。"

狮子听了之后找到了猫头鹰，猫头鹰答应了这份差事。

于是，狐狸白天负责运送快递，猫头鹰晚上负责运送快递，这样，动物王国里的动物总能在第二天早上收到快递，他们开心极了。

这便是分工明确的重要性，分工明确能够极大地提升执行力。

分工明确说的就是企业各个部门及部门之间都有明确的分工，以确保每个岗位上的员工都能明确知道自己的工作范围及完成标准。岗位分工的目的是人尽其才，人尽其责，对于企业来说能够提高企业的工作效率。反之，如果分工不明确，大家可能就会不知道自己要干什么，这个时候就会出现人浮于事、执行懈怠的局面。

上达下畅指的是对上要将自己的工作以及情况进行完善到位的汇报，让上级领导知道自己所做的事情，对下要将制定的方针或发展策略进行完善到位的传达，让所有执行人员心往一处想，劲往一处使。

分工明确可以很好地发挥整体效能，促进工作效率。以流水线生产为例，将生产的过程划分为若干个环节，每个人都负责其中一个环节，这样一个人只做实现目标的一个环节，可以大大节约时间，提高工作效率。

另外，分工明确讲究的是团队协作，这样可以很好地弥补个人能力的不足，只有每个人将自己的本职工作做好了才能取得最佳的整体效果。比如《西游记》里唐僧师徒四人每个人都有不足，但是最终取经成功了，这是因为明确的分工弥补了个人的不足。

上达下畅是分工明确后我们需要看到的效果，尤其对于中层管理者更加重要。企业在经营管理和日常事务中，作为企业中流砥柱的中层管理者如果缺乏对上汇报、对下传达的意识，将会造成部门之间、团队成员之间的沟通与交流的匮乏，从而导致不必要的摩擦和矛盾的出现。比如降低员工的凝聚力，增加人力成本，甚至导致企业的破产。要解决这个问题，提高个人及团队的执行力，需要从以下几个方面入手：

（1）建立详细的工作制度。在工作制度的建设上坚持领导与员工相结合的思想，详细了解每个员工的优势，做到人尽其才，充分发挥员工的最大积极性，确保执行效率的提高。对于制定的政策应做到一以贯之，切忌朝令夕改，这样会大大影响执行力的发挥。

（2）构建完善的人事管理体制。人事管理体制是为了实现公司的经营管理目标，规范管理行为，提高工作效率及员工的责任感、归属感而制定的。完善的人事管理体制可以为企业选拔出适合特定岗位的员工，做到人尽其才，有效提高企业员工的执行效率。

（3）构建信息落实监督机制。企业要想做到分工明确，上达下畅，就必须建立一套完善的落实监督机制。明确的分工以及上达下畅的目的就是为了更好地落实，让团队的执行力能够得到有效的提高，而要做到这一点，离不开监督与信息的复核。

总之，企业员工的分工是否明确，能否做到上达下畅，对于团队的执行效率有着至关重要的作用。如果能够做好这一点，将会大大节约企业的管理成本和沟通成本，执行力也会有显著的提高。

### 思考题

（1）你是否遇到过上司传递的信息不完善或变形走样的情况？原因是什么？

（2）领导对团队成员的分工是否有重叠交叉的现象？这会导致怎样的问题？

（3）分工明确对于上达下畅的作用是什么？

# 第七章
# 团队干：打造高执行力团队

不懂管理团队，一个人只能累到死；不懂打造团队执行力，一个人只能干到死。任何时候，一个好汉三个帮，在执行力面前，1+1>2永远成立，运用团队力量，发挥团队优势，干出高效执行力。

执行力是干出来的

# 执行赢在团队

团队对于执行力来说重要吗？为什么所有的企业都在致力于打造完美团队？没有完美的个人，只有完美的团队，一个人的力量是有限的，而团队的力量却是无限的。在多元化的今天，要做成做好一件事情，最快最好的方式就是团队合作，这一点相信我们大家都深有体会。

中国四大名著之一《西游记》我们都非常熟悉，从团队管理执行力的角度讲，可以给我们很多启示。

在唐僧、孙悟空、猪八戒和沙和尚这个团队中，他们的执行目标是去西天取经，之所以能够经历九九八十一难成功，主要是他们能够发挥各自的优势，形成优势互补。比如唐僧把握大局；孙悟空降妖除魔；猪八戒干脏活累活，调和团队关系；沙和尚搬运物资，任劳任怨。

即使这个团队在执行的过程中有一些矛盾和不快，但是，整个团队的执行目标始终是一致的，能够让团队紧紧团结在一起，最终取得真经。

通常，团队的层级分为领导者、中层管理者和一线执行员工，是一种垂直管理的状态。团队是一个组合，是一个不可分割的共同体。团队成员每个人都有不同的技能和知识储备，在执行过程中需要调动和充分利用团队每个成员的能力，使其得到充分的发挥，共同解决行动中出现的问题，以实现最终的目标。团队的正确含义不仅仅包括人，还有其他的构成要素，总结起来为5P要素：目标、人、定位、权限和计划。团队必须要有一个统一的目标，在目标的引导下，为自己的团队进行定位，然后明确团队成员的职责和权限，通过实施精密的计划实现目标。对于执行力来说，具体表现在以下几个方面：

（1）目标导向功能使得团队有明确的努力方向。目标的设立对于团队精神的培养有很好的促进作用，可以促使员工心往一处想，让员工齐心协力，拧成一股绳，朝着既定的目标共同努力，有利于团队执行效率的提高。

（2）团队的凝聚力可以培养团队的团体意识。团队凝聚力的提升可以使团队员工在执行过程中在工作习惯、企业文化、执行动机，以及工作兴趣等方面达成共识，领队也可以通过这种方式与团队成员进行沟通和交流，在此基础上引导团队成员产生共同的使命感、归属感和认同感。在这种团队文化的指引下，团队的执行力也会得到极大的提升。

（3）团队可以有效地激励员工积极主动地去学习。团队激励氛围可以让团队成员不断地提升自己，要求自己进步，向优秀的人学习。通过激励，让员工在行动中为公司创造价值，不断得到团队的认可，并赢取其他成员的肯定。

（4）团队所形成的观念力量和氛围能够影响约束和规范成员的个体行为。这是团队的一种控制功能，也是团队文化的体现，是一种自内而外的控制，也是一种对于企业文化的展现。

因此，团队成员之间的良好关系和所形成的氛围对执行有极大的促进作用，简单地说，团队中只有每个人协同合作，朝着共同的目标迈进，才会取得美好的结果。相反，如果团队里的每个人都心存私利，不想贡献自己的力量，那么这个团队也就没有了存在的意义。所以，我们常说1+1>2，而关键在于团队内部的状态是怎样的。一流的执行力就需要一流的团队来执行，打造一流的团队需要注意以下几点：

（1）明确团队的目标。目标之于团队犹如航标之于帆船一样，目标可以激励团队成员的积极性，可以指引大家共同努力。

（2）及时激励团队成员。每个人都渴望被认可，都有被激励的欲望和要求，被赞扬是每个人的本性。所以在执行过程中一定要及时激励团队成员，不要吝啬自己的赞扬。

（3）及时无缝沟通。沟通使团队执行更有效，团队成员之间的沟通如果不畅就会在执行过程中产生很大的时间成本和管理成本。所以在执行过程中出现问题时，要第一时间进行沟通和交流，积极创造条件，创建良好的沟通氛围。

（4）谨防个人主义。每个团队都需要个人能力很强的人，但是，总体目标的实现靠的不是一个人的力量，需要的是团队成员之间的密切配合。团队中个人能力强的人一定要谨记，不是个人能力成就了平台，而是平台成就了个人能力。

### 思考题

（1）思考 1+1>2 的含义。

（2）你的团队存在执行力方面的问题吗？原因是什么？

（3）团队在执行力方面欠缺的原因是什么？

## 赋予员工"军人的天职"

众所周知，军人的天职就是服从。从心理学上来说，服从是指参与主体在特定的组织环境中，通过对参与客体提供的相关信息的概括、判断和推理，为了实现追求奖赏或不受惩罚的目的而产生的与参与客体一致的行为或表现。军队战斗力的强弱离不开每个军人的服从，同样，团队执行力的强弱离不开团队成员的服从。

也就是说，对于一个团队来说，这个团队执行力的高低取决于成员的服从程度。有人曾问过马云这样一个问题："一流的执行方案加三流执行力的员工和三流的执行方案加一流执行力的员工，你会选择哪一个？"马云毫不犹豫地选择了第二种。其实，无论多么完美无缺的活动方案，如果不去执行或者执行不到位，也会成为一纸空文。所以，员工的服从精神是一个团队最宝贵的财富。

无论在任何企业或者任何岗位上，个人执行力的高低对于个人的职业生涯及企业的发展都起着关键性的作用。在企业里，有的员工在自己的岗位上长期无法取得进步和发展，不是因为他们能力太弱，也不是上天给予的机会太少，而在于他们对于领导安排的任务或工作没有服从或者不能及时有效地完成。当新任务来临时，不敢主动去承担，犹豫不决，做事前怕狼后怕虎，既想去尝试或者改变想法，但又不敢去冒风险，生怕会对自己造成不必要的损失，在行动之前犹豫不决，造成机会白白溜走，最终一事无成，更加糟糕的是影响整个团队的执行力。

沃尔玛有一条要求每一位员工都必须要遵守的准则，这个准则就是"无条件服从"，他们要求每一位员工对于上司指派的任务无条件地服从。正是这条准则，大大减少了团队中个人抱怨及逃避的心态和行为，也成就了这个团队高效的执行力。

团队运作的前提条件就是服从，没有服从就不会有执行，绝对地服从精神是确保执行方案不打折扣、有效执行的前提。服从的精神指的就是对于上级领导下达的命令或任务，无条件接受并全力以赴地去执行，不论遇到多大的困难或挫折，都想尽一切办法去达成目标。但是需要指出的是，服从不是盲目地、胡乱地执行，而是积极主动地接受任务和命令，对于出现的状况或困难进行分析和评估，找到解决方案，确保任务能够及时有效地完成。

那么，如何让员工主动服从呢？

（1）布置任务前进行详细的沟通。一定要对对方的想法有所了解，而不是想当然地去猜测，这样会导致执行的结果和预期的目标出现极大的偏差，有效的沟通一定是双方达成了共识，双方都明白清楚每一步应该怎么做。

（2）用SMART原则来明确目标。目标必须是具体的，可以用数字进行衡量的，是经过努力可以实现的，还要具有相关性和时效性，这些都要让执行者具体看到。

（3）明确结果。在下达命令前先要弄清楚自己想要达到的结果是什么，然后在员工执行过程中给予及时的指导，但是不能制定太多的条条框框束缚员工的手脚，避免执行者产生不信任感。

（4）给员工设置合适的目标。目标的设定一定是能让员工感到可以实现的，在增强员工成就感的同时，让他们不断接受更高的挑战，并且愿意主动去接受新的任务。需要明确的是，给员工制定的目标一定要具体可实现，目标设定越明确，员工服从的程度就越高，实现的可能性也就越大。

企业要想取得更大的成就和发展就必须要有一支具有超强执行力的团队，并且员工对于制定的方案有绝对的服从精神，只有这样才能让企业在激烈的市场竞争中立于不败之地。

### 思考题

（1）你是一个具有服从精神的人吗？

（2）团队中有没有不服从的人？原因是什么？如何解决？

（3）绝对服从对于执行力的意义是什么？

## 让合适的人干合适的事

让合适的人干合适的事,简言之就是要做到人尽其才。每个人的知识储备以及技能都是不一样的,而且每个岗位对于能力的要求也是不一样的。只有把团队成员的能力全部发挥到极致才能充分发挥团队的执行力。尤其是对于企业的管理者来说,让合适的人干合适的事是对管理者最起码也是最重要的一项要求。

在古代就有关于"知人善任"重要性的记载,《孙子兵法》有云:"故善战者,求之于势,不责于人,故能择人而任势。"意思是说,卓越的将领一定是善于抓住战机的人,善于选择合适的人安排在合适的位置上形成有利于自己的良好形势。这种知人善任的做法也是值得我们现代企业管理者学习和借鉴的地方。其实,让合适的人干合适的事,这句话说起来容易,但是在实际执行中还是有很大难度的。

团队成员如果无法做到人尽其才,让每个人的能力得到最大程度的发挥,将是企业最大的资源浪费。比如说,有的企业人事主管在选拔团队成员的时候,将能力作为唯一的标准。他们认为只要能力高就一定能提高团队的战斗力。有能力的人对于团队战斗力的提升是毋庸置疑的,但是如果把一个人放在与他自身能力不匹配的岗位上,就好比把飞机的发动机装在拖拉机上一样,是根本无法发挥它应有的战斗力的。

团队就好比一辆汽车,靠的是各个零部件的共同协作,只有发挥各自的功能才能让汽车正常运行起来。团队的工作就是一个协作的过程，不同的职位对于能力的要求也是不一样的。如果一味地追求高能力人才，但是无法提供相应的职位让其施展才华，这种做法无论对于团队还是个人都是一种资源的浪费，最终阻碍企业和个人的发展。

有"商界教皇"之称的汤姆·彼得曾说过这样一句话："对于公司来说，做的最重要的决定就是选拔合适的人去做了合适的事。"我们都知道，管理工作的对象就是人，从这个意义上来说管理工作就是你要让合适的人干合适的事。如果你招聘了一些不合适的人，那就不要指望这些人可以把岗位要求的事做好。

一流的能力加上一流的执行力才能创造出一流的生产力。专注于研究的科学家拥有极为丰富的专业知识和极强的研发能力，但是如果这些能力无法转化为实际的生产力，那么对于企业来说将毫无价值可言。因此，企业管理者在选拔人才时，不应把对方的能力作为唯一的选拔标准，还要将执行力作为一个重要的考虑要素，只有那些把能力和执行力结合起来的人才会为企业创造出更多的生产力，能力和执行力都具备的人才是企业所需要的。

让合适的人干合适的事远比研发一项新的战略更加重要。这应该作为企业文化的一项重要内容来执行，这个宗旨对于现代任何一家企业都是通用的。执行企业活动方案就好比是在下一盘棋。对于企业高管尤其是人事主管来说，一定要最大程度地发挥团队成员的优势并激发他们的潜力，依据每个岗位的要求任用最合适的人。在此基础上，向他们传达明确的任务要求，让他们清晰地知道完成的标准是什么，有能力的人加上明确的执行标准才能保证任务完成的最大化。

综上所述，作为企业管理者，一定要做好人员的选拔，制定相应的标准。合适的人指的是能力方面，干合适的事指的是执行力方面。因此在选拔时一定要做好能力和执行力的全面考核，做好团队成员结构的优化配置。

### 思考题

（1）在你所在的企业里，选拔人才的标准是什么？

（2）你对自己的岗位满意吗？为什么？

（3）罗列出你同事的优势，其优势是否得到了有效发挥？

## 授权，让员工放开干

授权即授予权力，具体是指领导者通过下放权力让员工享受更多的自主权，借此来实现企业目标的过程。通过授权可以让团队员工的主动性得到充分发挥，授权是领导者的智慧以及能力的扩展和延伸。但是授权也有一个前提，就是必须要遵循事物发展的客观规律和原则，授权的过程也是一个科学化和艺术化的过程。

过年了，父母给两个孩子买了很多糖果，为了让孩子高兴，父母允许他们每人抓一把糖果。老大激动地伸出小手，使劲抓了一把放进自己的口袋，高兴地转身离开了。轮到老二抓了，老二想了想对妈妈说："妈妈，你帮我抓吧！"

妈妈好奇地问："为什么呢？"

老二说："因为你的手比我的大！"

显然，这是一个非常聪明的孩子，他知道自己的手小，所以把自己的权力授权给了妈妈，这样他就可以得到更多的糖果。作为企业管理者，我们应该向这位小孩学习，懂得授权，自己不擅长或者没有太多精力去做的事情，应该授权给合适的人。

企业要想得到快速的发展，授权是必须要走的一步，主要原因在于：

（1）彰显管理者与目标直线联系的特点。一个企业的组织框架大致包含三层：领导——中层管理者——一线执行员工。企业目标的实现必须以团队执行力为支撑，领导的行为必须着眼于企业长远的发展战略，领导主要进行的是对于中层管理者的工作指导。而企业目标的实现靠的是一线员工的执行力，因此领导行为和实现的目标之间没有直接性，这就决定了领导必须给员工授权才能确保团队目标的实现。

（2）体现管理者活动的多样性和专业化。现如今的领导活动体现出来的是企业一线员工与领导者合二为一的参与型活动，而不是以领导者为起点的垄断型活动。

（3）通过授权可以明确团队成员的职责，确保人尽其职。在执行过程中对于出现的问题可以第一时间找到相关责任人，这有利于问题的及时处理。另外，授权可以让领导从纷繁复杂的日常事务中解脱出来，把更多的时间放在更重要的事情上。

（4）授权可以不断充实和优化企业的组织框架。可以为有能力的员工提供展示的平台，并从中选拔优秀的员工来充实团队中层管理干部。

（5）授权可以明确职责，明确每一个员工所具有的权利和义务，对于提高企业整体的决策效率有很大的促进作用。

授权，让员工放手去干对于企业的发展固然重要，但是能否有助于推动企业向正轨发展还需要掌握一定的方法和技巧。如果操作不当，不仅不利于企业的进步，反而会阻碍企业的正向发展。

对于企业负责人来说首先要掌握一定的授权原则：第一，要明确所设岗位需要的能力和相关品行，以此为基础来选拔与岗位相匹配的员工进行授权；第二，授权不是放任自流，为所欲为，必须对于岗位的职责范围和权限进行明确的规定；第三，明确岗位职责的完成标准，对于想要实现的目标进行量化，让其执行起来目标更清晰；第四，在授权之前，需要对被授权者进行职前的培训和指导。

在了解了企业授权的原则后，我们来具体解读一下授权的步骤：

（1）考察。通过对岗位职责的分析研究判断该岗位有没有实施授权的必要，以及采用什么样的方式对相关人员进行授权。除了考察岗位的授权必要性外，还要对相关责任人进行考察，考察其平时表现以及是否具备该岗位所需要的能力和相关素质。

（2）气氛的营造。这是准备阶段很重要的一环，通过营造一种环境制造严肃的气氛和十足的形式感，让相关人员明白企业对于该岗位的重视。

（3）评估。在授权之后，要对其在岗位上的执行情况进行评估，评估的对象包括相关责任人以及当下的运行机制，根据出现的问题对相应的支撑环境进行调整，在此阶段需要对工作职责进行重新定义并检验领导与下属的从属关系，根据评估结果再重新制定报酬机制。

（4）变革。实施授权也是一个变革的过程，授权是一个从旧系统向新系统过渡的过程。这个阶段是旧系统的结束以及新系统得到实施的阶段，在此阶段，组织领导者要收集相关的反馈信息，并根据相关信息做出相应的修正。

（5）成型。这个阶段标志着授权整个过程的结束，在此阶段，新系统已经转型完毕并得到了系统的实施和应用，是授权的成熟阶段。

此外，大数据研究显示，相比那些没有被授权的员工尤其是管理者而言，被授权的管理者更愿意对其下属进行授权。这种现象的出现表明企业领导做出了表率，其他的员工也会做到上行下效，更愿意通过授权让团队更多的成员参与进来，以此来推动团队执行效率的提高。

执行力是干出来的

### 思考题

（1）你是一个将权力看得比什么都重的人吗？

（2）你愿意授权你的员工去做事吗？

（3）对员工授权的要素有哪些？

# 工作交代要全面清晰

在计划执行之前需要对即将展开的工作进行全面清晰的安排和交代，尤其作为企业的负责人，要实现企业的战略目标就必须对参与活动的相关员工做好执行前的培训和指导。全面清晰地交代工作，对于参与员工的工作职责及完成标准进行明确的规定，让员工执行起来更明确、更轻松。最重要的是对工作进行全面清晰的交代可以减少执行过程中的沟通成本与时间成本，可以为实现目标节省更多的时间和精力。

但是在实际工作中，总会出现有一些人在表达自己见解时模糊不清，不能全面清晰地向对方讲解。总会让人听着糊里糊涂，执行起来摸不着头脑，不知道重点、方向是什么。

某文化公司编辑部来了一位新同事，工作积极认真。有一天早上，部门主任让其写一篇昨日活动的新闻报道，新同事满口答应便开始着手做。

下午，主任问新同事稿子写好没有，新同事说还没有，需要再审校一遍。主任有些不满地说："我们下午就要推送了，怎么还没写好！"

新同事说他以为不着急，所以先做其他工作了。

过了一会儿，新同事将校对好的稿子拿给主任看，主任非常不满地说："这个新闻稿应该以××为主线，突出……"

就这样，新同事按照主任的意思重新编辑了新闻稿，直到下午下班才推送，新闻的时效性也差了很多。

分析这个案例，表面看是新编辑的执行力差，降低了新闻的时效性，其实，进一步分析，主要原因是主任在交代工作的时候不够清晰，才导致了执行差的结果。

对于一个企业来说，不能清晰表达，最重要的一个原因就在于活动方案的战略目标不清晰，正是由于目标的不清晰导致对于达成目标的各个阶段要做出的行动不能清晰把握，进而使活动方案的制定不合理，也正是由于活动目标的不清晰致使对于工作无法做到全面清晰地交代。那么，如何在日常的工作交代中全面清晰地表达自己的见解呢？

（1）在交代工作之前，先对沟通的对象、沟通的内容以及沟通的目的做到心中有数，提前做好安排。如果在交代工作的时候，不能做到全面清晰地表达时，最好的做法是将自己要表达的内容进行概括并在纸上写出来，对于写出来的内容进行再一次的审核以确保没有任何遗漏，避免出现在交代工作时一边想一边说的现象。

（2）对于要表达的内容按轻重缓急进行分类，交代工作一定要分清主次。以汇报工作为例，当既定的会议或讲座时间和地点需要变更时，对于领导来说，结果是最重要的，其次才是调整的原因。所以，在汇报工作时一定要做好结果的汇报，而不是将原因进行表述，如果混淆次序就会导致领导不能及时明白事情的结果，大大增加了沟通的成本。

（3）对于表达内容的前后关联性进行关注。在汇报工作或者编写相关的工作方案时一定要注意方案的前后关联，切忌出现前后不对应以致在活动的执行过程中出现前后政策不一致的情况。所以，交代工作时一定要将先前的工作以及之后工作的开展进行联系，确保活动的完整性、系统性。

（4）注重对于表述内容的归纳和分类。在做活动方案的设计或者进行口头的表述时，一定要提前对工作内容进行归纳分类，将同一性质或者同一时间可以完成的事情放在一起进行表述，切忌将不同内容或事情混杂到一起进行表述，这样不仅无法表述清楚自己的见解，而且会让对方有一种混乱的感觉。

（5）安排的工作内容要按顺序进行排列。对组合的内容进行表述时，一定要按照一定的参考标准进行排列，尤其是联系比较紧密的事情，否则会给人一种混乱的感觉，让执行的人不明白你要表述的内容是什么，从而大大降低执行效率。

（6）工作按照一定的逻辑关系进行安排，这样可以让执行的员工知道做这项工作的原因是什么，并清楚地知晓如何可以做到更好，以及在执行过程中如果出现突发状况可以采取什么样的措施进行应对。

（7）在交代工作时一定要注重工作内容表述的简洁性。工作安排越简单越有效，执行起来也才会更容易，执行员工只有清楚地知道领导安排的具体内容及完成标准，才有助于企业整体战略目标的实现。

执行效率的高低取决于执行员工对于活动方案理解的程度，方案的可执行性取决于领导工作安排的全面清晰度。因此，无论是活动负责人还是企业领导，安排工作时务必做到全面清晰，明确每个岗位的职责，事件交代清楚，让执行员工清楚地知道自己的工作内容和要达到的目标，只有团队每个成员都清楚知道自己的任务并全力以赴地去完成，企业的整体目标才能有实现的保证。

### 思考题

（1）你是否曾有执行模糊的情况？原因是什么？

（2）工作交代模糊产生的副作用是什么？

（3）结合自己的职业，列举清楚交代工作的要素。

# 给工作一个有效的期限

在企业运营中有一种现象很常见，也是领导和管理者最不愿意看到的，就是团队中总会有一些人在执行的过程中有拖延的习惯，做任何事都喜欢找借口、磨洋工。当你跟他沟通时，他总会说"这事不急还可以再缓缓""反正也没有规定最终的期限是什么时候"等。如果在你的企业或团队里有这样的员工出现，那么，你这个企业或团队的执行力必定会很差。而要解决这个问题，最有效的方法就是给团队执行者的工作设置一个有效的完成期限。

周一，某公司营销总监找到文案策划小张说，公司新品即将上市，营销工作即将展开，让小张拿出一个营销方案给他。

小张满口答应，回到办公室后，因为其他事情的打扰，这件事情就被暂时搁置了，只是间断性地进行。三天后，总监问小张方案是否做好，小张说只做了一个框架，具体细节还没有做好。

听到这话总监不高兴了，有点生气地说："原先方案不都是两天就做好吗，这个怎么这么慢，马上开新品发布会了，你这方案没做好让我怎么弄！"

小张委屈地低下头，自言自语道："你又没告诉我需要什么时候做好。"

是的，你又没有告诉小张完成期限，他怎么可能在你心里认为的时间内完成呢？

　　工作期限的设置对于团队执行力的提高有着极为重要的作用，它有助于带动企业员工执行力的整体提高以及促进企业目标的实现。因此，无论是个人还是企业，一定要对自己的工作设置有效期限，做好自己的时间管理。

　　有效期限的设置是为了确保任务在规定期限内及时有效地完成，因此有效期限的设置一定要根据一定的标准来进行，不能盲目设置，否则不仅不会促进工作的有效进行，反而会阻碍工作的开展甚至打击团队成员的积极性。首先，在给执行者交代工作时一定要从执行者本人以及工作的难易程度进行综合考量，并且对工作的完成时间进行预估。其次，在给执行者交代工作的同时也要把最后的完成期限以及在规定时间无法完成所受到的惩罚进行明确。这样，执行者必然会在设置的有效期限内全力以赴，不敢拖延，以便尽快地完成任务。

　　给自己的工作目标设置一个有效的期限，可以让我们产生一种紧迫感和危机感，可以帮助你对于实现的目标进行分解。其实，分解的过程就是一个时间管理的过程。对于目标的分解在某种意义上来说就是要让你的行动能够有真正的起点和终点，自然而然地，你在执行的过程中就不会再拖延，慢慢地提高工作效率，成为一个拥有较强执行力的人。

　　时间对于任何人都是公平的，对于每一个人，时间都是每一分每一秒按照既定的轨道进行着。但是为什么有的人可以在规定的时间内完成分配的任务，而有的人却无法按时完成呢？大数据显示，成功人士都是执行力强的人，最重要的一点就在于他们对于自己执行的目标有一个清晰的时间管理，对于每个目标的实现都规定了完成的有效期限，并且在规定期限内没有完成将会有什么样的处罚都做了明确的安排，这样的做法是为了给自己制造无形的压力，迫使自己产生紧迫感，积极去行动。但是，如何给自己目标的实现设置有效的期限呢？

（1）给自己或团队设定一个清晰的目标，最好是能以数字呈现出来的量化的目标。这一步骤首先需要设定你的最终目标是什么以及完成的期限，然后进行倒推，将终极目标进行分解，分解至当下，对自己的每一年、每一季度、每一月甚至于每一天的每个小时要做什么都进行细化，让自己每一天的行动都是有效的。

（2）在设定好目标以及对目标进行分解后，接下来就要分析实现每一个小目标对于整体目标实现的意义，每一个小目标的实现是终极目标实现的保证，如果有一个环节出现了拖延或不执行将会导致整体目标实现期限的推迟。

（3）明确了每个小目标实现的意义后，就要制定相应的措施和方案来实现每个阶段性的目标。从目标实现的执行人、完成时间以及每一个小步骤是什么，都要进行详细的分析，并对每一阶段的实施结果进行评估和考核，确保自己的执行结果与企业的总体发展战略是一致的。

对工作进行有效期限的设置是提高团队执行力的有效措施，有利于提升团队的紧迫感，也有利于团队成员明确自己的职责，确保企业的整体发展目标按时完成甚至是提前完成。

### 思考题

（1）你有给工作设置期限的习惯吗？

（2）设置工作期限越短是否执行力越强？

（3）思考工作时间与工作效果的关系。

执行力是干出来的

## 提升团队凝聚力

当今社会是一个抱团取暖的时代,企业要想实现快而稳的发展,就必须依靠团队的力量。团队按照执行力标准来划分,有执行力强和执行力弱之分。毫无疑问,只有执行力强的团队才能加快企业的进步和发展,也才能有助于企业战略目标的实现。那么,决定一个企业执行效率高低的因素是什么?

其中最重要的一个因素就是团队的凝聚力,团队凝聚力指的是团队对于成员产生的吸引力以及成员对于团队的向心力,还包括团队成员之间在执行过程中对于彼此的信任和吸引。团队凝聚力存在的意义在于可以保证团队成员心往一处想,劲往一处使,确保团队整体目标的实现。一个团队如果没有极强的凝聚力做后盾或者团队凝聚力涣散,就不可能完成组织安排的任务,团队本身也就失去了存在的意义。

有这样一个传说,很久以前,希腊有个国王,他有三个儿子,这三个儿子个个精明能干,各有长处,难分高下,正因为如此,他们从来不把对方放在眼里,经常明争暗斗,说对方坏话。

国王一天天衰老,担心某一天自己离世后,国家的命运便会悬于一线,该如何才能让他们团结一心呢?

这一天,久病在床的国王思考良久,终于有了主意。他将三个儿子叫到床前,对他们说,你们每人拿出一支箭放在地上。三个儿子纷纷照办。

然后，国王对大儿子说："你随便捡起一支箭折断它。"大儿子拿起箭，轻轻一折便断了。然后他让大儿子把剩下的两支箭和断掉的半支箭用绳子捆绑在一起，再去折断。

大儿子照办，可是这次他使了很大的劲儿也没有折断。国王语重心长地说："你们看，一支箭轻轻被折断，三支箭绑在一起就很难折断，只有你们三兄弟团结一心，才能战胜一切困难，保障国家的安全。"

一根筷子容易折断，十根筷子抱成团，就很难折断了，团队凝聚力也是如此。对于一个企业来说，工作开展是否顺利以及事业是否能够做强做大，最为重要的一个因素在于你的企业是否拥有一支抱成团的团队，而团队战斗力的高低就取决于抱团产生的凝聚力。团队的凝聚力针对的是团队和成员之间的关系而言的，团队里的每一个成员都是团队中的一分子，团队凝聚力强大与否的表现就在于团队成员对于团队的忠诚度高低、团队合作意识以及团队整体士气的高低。

团队凝聚力对于团队执行力的高低起着决定性的作用，一方面，团队的凝聚力要求团队内部成员之间一定要做到相互依存、互相尊重、共担责任、协同一致。可以说没有团队的凝聚力就没有团队合作的基础，也就无法取得优秀的业绩。因此，我们要着重培养团队成员的凝聚力，积极营造团队共同努力奋斗的和谐气氛，团队凝聚力的形成需要的是团队领导的精诚合作，还要制定明确合理的规章制度及团队成员的合作规范，使团队成员对于自己的分内职责及完成标准能够做到清晰明了。

增强团队凝聚力的另外一个重要方面就是团队的士气。拿破仑曾说过："一支军队的实力四分之三靠的是士气。"这句话放在当今的企业管理中同样适用，为了团队目标和团队业绩而努力奋斗的精神状态尤其重要。在企业管理中，领导要始终给予员工士气极大的关注，以此来提高团队的执行效率；另外，还要充分发挥团队成员的特长，鼓励团队成员对工作产生兴趣，热爱自己的工作。团队领导还需要对成员的能力进行分析和比较，根据他们各自的特长安排工作，只有把合适的人安排在合适的位置上才能做到人尽其才，发挥团队的整体凝聚力，聚焦干劲。

对于团队人员内部的人际关系进行处理，成员之间的良性关系是团队凝聚力高低的润滑剂。企业管理15%在于专业技术，而85%在于团队成员的管理上面。纵观很多有影响力的企业，他们之所以成功，之所以壮大，关键就在于有一支凝聚力超强的团队。在团队成员人际关系管理中，管理者要采用民主的方式对待团队成员，创造一种公平、平等的氛围，促使团队成员都能够积极参与进来。另外，着手建立良性的沟通渠道，为团队成员建立良性的沟通机会，确保成员之间的良性沟通，带动成员之间关系的促进。最后还要建立健全奖励和激励机制，促使团队成员有一种集体荣誉感，促进团队凝聚力的提升。

总之，团队执行力的要点在于团队成员的凝聚力，注重团队凝聚力的打造，聚焦团队成员所有的力量，是推动团队执行力提升的有效方式之一。

### 思考题

（1）你所在的团队凝聚力高吗？为什么？

（2）造成团队凝聚力不高的原因是什么？

（3）如何提升团队的凝聚力？

# 第八章
# 高效干：有速度才有执行力

同样一件事情，有些人忙忙碌碌干一天完成，而有些人半天就轻松愉快地完成，同样是干，差距为什么这么大呢？执行力为何如此不同呢？执行力不仅在于干，在于出结果，而且还要干得有效率。

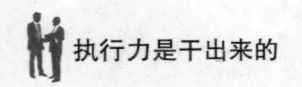

# 不要给自己留"下一次"

在平时的工作中,经常有这样一种现象,本来是可以一次做好的事情或一个属于自己的机会,但是却没有做成或没有抓住,究其原因,其中一个就是总抱有一种侥幸心理,觉得还有"下一次"。为此,很多重要的事或者极佳的机会,就是在"下一次"的侥幸心理的暗示下白白流失了。

小李在一家公司企业文化部做摄像摄影工作,但技术不怎么样,领导看到他拍摄的活动照片后,微笑着说:"小李啊,你的摄影技术可要提高啊!"

小李微笑着说:"下一次一定拍好。"

过了一个月,在一次公司活动后,领导偶然又看见了他拍的照片,依然不是很好,就在聚餐中随口说:"你的摄影技术水平还是不行啊,抓紧提升啊!"小李听后满口答应,表示下一次一定拍好。

大概又过了两个月时间,公司召开党日活动,小李负责摄影摄像,在发布的新闻活动中,领导看到了小李拍摄的相片,不是很满意。于是将他叫到办公室,非常严肃地说:"这么长时间了,你的拍摄技术一点都没有长进,你也别说下一次了,下一次如果拍不好的话,你就主动离职吧。"

总是给自己留"下一次"是一种留后路的表现,总是给自己留后路最终将无路可走。如果马云总是给自己留"下一次",还会有日成交额破千亿的神话吗?如果王健林总是给自己留"下一次",他敢放出"先挣他一个亿小目标"的豪言吗？如果王德顺总是给自己留"下一次"，还会有一夜成名和"最帅大爷"的称号吗？成功的人之所以成功就在于他们不会给自己留"下一次"，而是全力以赴地去行动。相反，那些执行力差的员工抱着"下一次"的心态，执行中并没有全力以赴。

遇事总是想着"下一次"而不是立刻去做，不仅会耽搁事情的进程，久而久之还会在精神上造成一种负担。因为事情不去解决，不能随到随做，长此以往就会导致问题越积越多，既不想去做又不敢忘却，全部压在心里，最终导致心理压力过大，出现精神方面的问题。相反，如果养成不论大事小情想到就去做的习惯，就会发现我们的成就感越来越大，离目标的达成越来越近，工作和生活更加充实，执行力也会大大增加。

那么，究竟如何才可以避免出现经常给自己留"下一次"情况的出现呢？

（1）杜绝给自己留后路的习惯。一定要意识到总是给自己找借口推迟到以后再做是一种极其错误的做法，会极大地阻碍执行力的提升。

（2）做事有始有终。无论大事还是小事，一经开始就要勇往直前地去完成它，所以在日常的小事上就要养成有始有终的好习惯，将来做任何事才不会半途而废。

（3）给自己的工作设定一个有效期限，并制定相应的奖罚措施。在规定时间内完成规定的工作，可以制造紧迫感，迫使自己不断朝着目标前进，关于这一点在前面已全面阐述。

不给自己留"下一次"，想到就去做是一种习惯，这不是一件很难的事情，只需要你有决心与信心。一件事情开始之后，究竟能否做到有始有终、不拖延，靠的是自己的决心与恒心。在实际工作中很多人都是凭着三分钟热度，一开始有足够的热度，时间一长就会慢慢变得消极，加之在执行过程中一旦遇到棘手的挫折或困难就会导致实现目标信心的消逝，很多的执行方案也就此终止，只有那些下定决心不放弃的人才会克服所有的障碍和困难取得最终的成功。

所以，不要给自己留"下一次"的机会，只有这样，你才会有超强的执行力，最终的成功才属于你。

### 思考题

（1）你是一个经常给自己留"下一次"的人吗？

（2）你因为自己的"下一次"失去过多少机会？

（3）分析一下给自己留"下一次"的原因在哪里？

## 趁热打铁，快速行动

如我们所知，趁热打铁的意思是一定要趁铁烧红的时候快速采取行动来塑形，错过机会再想做出好的形状就难了。这句话放在现代企业管理方面同样适用，用来比喻在机会到来时一定要采取措施立即行动去达成目标。商场如战场，商机稍纵即逝，成功人士之所以能取得大的成就就在于他们不仅善于发现商机，更重要的是他们在机会出现之后会采取快速有效的行动，为了实现自己的目标而努力。

世界知名的酒店大王希尔顿就是一个善于发现机会，并做出快速行动的高手，丹麦兴起的掘金热潮吸引了希尔顿，但上天就爱开玩笑，希尔顿没有掘出一块金子。当上天给你关上一扇门肯定会给你打开一扇窗，没有挖到金子的希尔顿失望地准备回家时，发现了一个比黄金还要珍贵百倍的挣钱商机。他发现掘金来往的人都是露宿野外，没有一个可供住宿的地方，于是他迅速抓住这个机会，在附近建设旅店为来来往往的人提供住宿，就这样，当其他人热衷于掘金时，他通过开旅店成功了，这也奠定了希尔顿日后酒店业成功的基础。

深入分析发现，如果希尔顿不建这个旅店，掘金的人依然会露宿野外，但是，当金子被挖掘完或者人们不再热衷于掘金的时候，掘金的热度下降，同时机会也会消失，他再建旅店也就失去了意义。从机会的角度讲，当一个行业火爆的时候，一定会衍生出一些很好的机会，这个时候要趁热打铁，快速行动去抓住它，一旦这个行业热度下降，很多机会也就会消失，后悔晚矣。

比如近几年中国的互联网行业，可以说是得到了高速的发展，随着互联网行业的多元化，出现了新型商业模式——微商。打开微信朋友圈你会发现很多做微商的朋友。在微商诞生初期，其实很多人是赚钱的，也有一些小企业通过微商最后做大做强，曾传言在那几年有的微商从业者月入过万轻轻松松。然而，随着时间的流逝，后来进入微商行业的人发现并不像人们说的那样轻松高收入，反而觉得做微商赚钱非常不容易。而其中一个原因就是随着微商热度的上升，机会资源被快速行动者分割占据，后来者做起来自然会越来越难。

从另一个角度讲，机会是有时效性的，不会停在那里一直等待你的到来，失去之后就不会再来，当然还会有新的机会出现。对于机会的把握需要的是你的眼光和能力，造成机会的错失则是对你的心态和行为的警示。当机会出现时，你没有趁热去打这块铁，没有快速行动，缺乏速度，那么这个机会自然会流失，从侧面也反映了执行力的不到位。

比如马云的无人超市，其对诸多方面都有超高的要求，风险自然很大，大多数人只是幻想一下，要让他们具体实施，肯定打死也不会干。有人说马云之所以敢这样做是因为他有钱，不怕输。但是，我们从社会需求的角度来看这个问题的话，就会觉得是自然而然的事了——社会的发展、科技的进步让我们的生活越来越便利、越来越简单，当下的趋势是谁可以为大众节省时间谁就可以成为大众需求的中心，这是大众需求的热点，而抓住这个热点，满足大众的需求，必然会被大众所喜欢。

从我们的主题也就是执行力的角度讲，这便是一个成功的案例。著名生物学家巴斯德说过："机遇只偏爱那些有准备的人。"机遇到来之前没有任何征兆，它不会因你的抱怨或苦苦哀求多停留一秒，在机会到来时切忌任何犹豫和懈怠，一定要抓住时机，快速行动。

### 思考题

（1）回想一下机会是否经常出现在一些热度事件周围？

（2）模拟一些热度事件，寻找其中的机会。

## 统筹规划，烧水别忘洗菜

对于一个企业来说，企业整体发展战略的实现要求领导者和中层管理者必须具有着眼全局的统筹规划能力。只有对于全局有一个整体的把握，将实现目标过程中的各个环节进行统筹安排，才能够确保整体目标的实现。那么，统筹规划具体是什么？

统筹规划指的是通过对整体目标的分析和解读，选取一个合适的模型对整体的各部分、各部分之间、各部分和整体之间以及各部分与外部的关系进行分析，进而组合成一个新的整体模型。统筹规划是一种能力，是分析问题和解决问题的一种方法，能够对在执行过程中出现的问题进行准确的预测，并据此做出相应的预防措施，降低执行成本，以确保整体目标的实现。总的来说，统筹规划就是进行统一安排，从整体上做出计划，对全局进行考虑，兼顾执行过程中的细节。统筹规划最重要的一个作用就是可以提升做事效率，节省更多时间，促进企业整体目标的实现。这里有一个例子，通过这个例子我们可以理解统筹规划对于节约执行成本的重要性：

有三个人想要泡茶，当时的情况是需要烧开水、洗茶杯、等茶杯晾干，而茶叶在另外一个屋子，需要去拿。三个人分别给出了自己的方法。甲说：先烧开水，后洗杯子，再拿茶叶，最后等水开泡茶；乙说：先洗杯子，后拿茶叶，再烧水，最后等水开泡茶；丙说：先拿茶叶，后洗杯子，再烧开水，最后等水开泡茶。

以上三种做法都能达到喝茶的目的，但是我们很容易看出来，甲的办法才是最好的，因为后两种方法在流程上都耽误了一定的时间，增加了做事成本。我们来分析一下，水要用火才能烧开，所以我们只需要将水接满茶壶，放在火上即可，在烧水的同时我们还可以做其他事情；杯子洗干净晾一下需要一定的时间，而这个时间我们能做的就是等待，所以在等待的过程中我们可以做其他事情；只有拿茶叶没有等待的时间，所以，应该先做的事情是烧开水和洗茶杯，而烧开水显然要比洗茶杯等待的时间更长，所以应该先烧开水。对此，甲的做法才是最好的统筹规划安排。

尽管这是一个生活中的小片段，却体现了统筹规划对执行力的重要性。对于团队领导来说，尤其要将统筹规划作为一项重要的能力来培养，对于涉及的方方面面的环节都要考虑在内，确保整体目标的高效实现。那么，在实际工作中究竟如何提升自己的统筹规划能力呢？

（1）要基于组织的整体战略、具体工作以及实现目标的具体要求，全面考虑内外部资源，并对相关利益方面的关系进行详细梳理，确保把工作中的每一方面都考虑在内。

（2）根据自己的经验和判断对实现目标过程中出现的问题进行预估，并制定出相应的预防措施，对于可能出现的突发事件做好预案，将可能带来的损害降到最低。

（3）制定全面清晰的工作方案，该方案的制定一定要是系统全面、有弹性的，以便在执行过程中对出现的问题有备案，另外还要将目标进行量化，方便执行人员在工作过程中有章可循。

（4）按照工作的重要性进行分类，根据任务的轻重缓急以及紧迫程度，对于现有的资源进行再优化，为更重要的事情配备更合适的资源，确保资源使用最大化。

统筹规划是每个人所必须要具备的一种基本能力，统筹规划能力的高低决定着执行力的高低，所以，我们在工作中一定要做好统筹规划工作，以确保目标的高效实现。

## 思考题

（1）统筹规划的具体意义是什么？
（2）顺序对于统筹规划的重要性是什么？
（3）回想自己工作中不符合统筹规划概念的事情，并制定修改方法。

# 专心致志，才能高效执行

秦始皇一生致力于统一六国的事业，开创了大一统局面，被后世誉为始皇帝；元世祖成吉思汗戎马一生致力于开疆拓土，不断扩大自己的版图，最终成就了有史以来国土面积最大的王朝。纵观这些历史上有名的人物，无一不是花费自己的一生致力于一件事情，最后获得了让人难以想象的成功。

专注于一件事便会心无旁骛地去做，不为外界或者其他杂事所干扰，最终成就自己，成就他人。专心致志，意为用心专一，聚精会神，对于任何事情丝毫不怠慢，把所有心思放在一件事情上，用来比喻做一件事非常认真，把所有精力和行动全部用来解决实现目标道路上所遇到的一切问题。所以，专心致志是高效执行的一个重要因素。

有一个极具传奇色彩的人物叫吴士宏，她是一个实现了从小护士到董事长完美逆袭的代表人物。1985年，身为护士的她专心致力于英语方面的学习，并获得了高等自学考试英语专科文凭，毕业后就进入IBM中国公司工作。工作期间她专心致志地对待每一件事，一路从办公勤务、销售员晋升到IBM华南分公司的总经理。1998年，她出任微软中国公司总经理，仅用了7个月时间就完成了全年销售额的130%。1999年6月，她再次辞职。10月，她出任TCL第一大股东的翰林汇软件产业股份有限公司的董事长。

每一次命运的转折带给她的都是偌大的收获，而每一次收获和成功的背后都离不开她专心致志的品质以及高效的执行力。所以，专心致志地做一件事情，会充分发挥我们深藏起来的潜能，会让一些看似困难的事情变得轻松容易。

当然，盲目的专心致志有时会降低我们的执行力，浪费我们的时间和精力，有这样一个故事：

有一群在果园里嬉戏的猴子在寻找苹果吃，突然发现在一棵苹果树上有一个又大又红的苹果，看上去好吃极了，于是大家就等着那个大苹果掉下来。然而过了很长一段时间也不见有任何动静，这时其他猴子都走了，去别的地方找苹果，可唯独有一只猴子，过于专注在这一个苹果上面，到最后什么也没得到，但是其他猴子却抱着许多的苹果开开心心地吃着。

从这个故事我们可以看出，我们在做事情时一定要将重点放在能实现目标的事情上，切忌将注意力分散在与目标无关的事情上面，只有专心致志，集中所有精力于实现目标的事情上面，并积极采取行动才能让方案执行起来更有效。

据相关调查，大数据显示，那些在工作中容易分心的员工，在做一项工作的时候如果突然想起另外一件事，便会停下手中的工作，转而着手去做另外一件事，如此一来的结果是两件事情都没做好。据说有一位英国的男子，成为第一个没有戴氧气面罩登上喜马拉雅山顶的人，后来记者采访时询问他是如何做到的。他说在爬山的过程中，想得越多就会耗费更多的氧气和精力，当你专注于登上顶峰，排除一切杂念时，一切就变得非常容易做到了。

所以，我们在做每一件事时，只要能够做到专心致志、一心一意去做，所有事情都不会像我们想的那么难，执行起来的效率也会更高。但需要指出的是，做事专心致志不等于固执，我们做事的目的一定是为了实现预期目标，所以在实际执行过程中一定要做到明确自己的目标，一切的行动都要以是否有利于实现目标为标准来评判，只有这样，我们的专注和执行才会更高效。

## 思考题

（1）你是一个做事专心致志的人吗？

（2）什么样的专心致志才是高效的？

（3）专心致志做事与执行力的关系是什么？

## 一分钟要有一分钟的执行

对于"一分钟要有一分钟的执行"这句话,从小的方面讲,执行不能停滞,一分钟要有一分钟的执行效果,哪怕是思考一分钟也是一种执行;从大的方面讲,我们可以理解为在规定时间内确定一个目标,然后付出行动,对行动结果进行评估,时间与执行是否匹配,从而完善执行力。一分钟管理法则的最大效用就在于它可以有效地降低执行过程中的沟通成本和时间成本,有利于管理的有效进行,可以让执行的效果立竿见影,大大提高执行效率。

有效管理每一分钟对于整体目标的实现有着巨大的推动作用,在职场中要想成为在工作中不断提升、高绩效的执行者,让自己的团队执行力更加快速高效,就一定要将"一分钟执行"的秘诀运用到实际工作中。

在实际工作中,为什么有的人可以做到在一分钟内创造出比预期目标高很多的业绩,而有的人却永远无法完成自己的任务,这其中的原因是什么?

记得上学时老师讲过这样一个故事:有三只猎狗在追一只土拨鼠,土拨鼠急中生智钻进了一个树洞。巧的是这个树洞的出口和入口只有一个,没过一会儿,从洞里窜出一只兔子。兔子看到三只猎狗,就飞快地往前跑，刚好前面有棵树就爬了上去。由于心里胆怯，在树上没站稳，掉了下来正好砸晕了朝上看的三只猎狗，终于兔子顺利逃脱了。

故事讲完后，老师问这个故事有哪些问题？有的同学说兔子不会爬树，有的说一只兔子不可能砸晕三只猎狗等等。老师持续问还有什么问题，直到我们找不出任何问题。这个时候老师才说还有一个问题就是你们没有问土拨鼠去哪里了？这才是我们故事的核心问题。

在平时的工作中，行动之前我们虽然制定了目标，然而在追求目标的过程中，很容易被途中的细枝末节以及一些没有任何意义的小事分心，打乱了我们既定的工作节奏，以致在执行的途中，或放弃自己既定的目标，或修改了行动的方向，导致我们本来一分钟可以做完的事情却用了10分钟甚至更长时间。所以，在实现目标的过程中，我们要时刻提醒自己"土拨鼠去哪儿了？"自己追求的目标是什么？

作为团队领导或者企业负责人不仅要让自己知道企业发展的目标是什么，还要让自己的团队成员知晓企业的目标是什么，尤其是对于每一时间段要实现的执行目标和得到的执行效果有一个准确的预估，让一分钟可以做完的事情不要10分钟做完。

那么，我们如何才能让这个观念贯彻下去呢？不妨试试以下四个步骤：

（1）选择一件要做的事情，将要做的事情和所花费的时间讲给团队成员听，让员工有个大致的了解。

（2）在了解之后，针对这件事情进行示范展示，比如以身作则做给员工看，让他们知道完成的时间以及完成的标准是什么。

（3）在完成以上两步之后，让员工自己去执行，分析他们的执行结果，做出评价和指导。

（4）团队成员明白这个道理后，运用到实际工作中，逐步深入，锻炼员工"一分钟要有一分钟的执行"的理念。

**思考题**

（1）一分钟可以做的事情有哪些？对于整个目标的作用是什么？

（2）思考故事"土拨鼠去哪里了"的意义。

（3）通过以上方法锻炼团队成员"一分钟要有一分钟的执行"的理念。

# 困难面前不要止步

古语有云："人生不如意事，十之八九。"由此可见，每个人在日常工作和生活中都会有遇到各种各样困难和挫折的时候，没有谁的一生是一帆风顺的。当面对困难或挫折的时候不同的人会有不同的反应，有的人会被困难打败偃旗息鼓，过上碌碌无为的一生；有的人在面临困难时则选择积极应对，不为眼前的困难所拖累，即使失败了也积极去尝试、去行动，最终获得显著的成就。

尤其是在工作中，我们遇到的困难来自各个方面，如果一遇到困难就退缩、就放弃，团队将毫无执行力可言，企业的发展也将无从谈起。

著名体操运动员，有着中国"跳马王"之称的桑兰，在运动会体操赛场的一次赛前训练时，只是一个偶然的前手翻转体动作的意外导致第五至第七颈椎出现开放性、粉碎性骨折，中枢神经受到严重损伤，双手和胸以下失去知觉，自此结束了她的体操生涯。这种情况放在一般人身上或许会

### 执行力是干出来的

丧失对于未来和生活的信心,但是桑兰在苏醒过来之后,没有流下半滴眼泪。在她重新面对公众时,依然展现的是她那灿烂的微笑,除了身体上有别于前,其他一切还是和以前一样,她依然是那个乐观开朗的桑兰。

更加让人敬佩的是桑兰不仅没有丧失对生活的信心,还将文化课的学习作为丰富自己人生的最佳途径,学习和生活之余她还积极参与公益事业,关注更多的残疾人。桑兰面对的困难是我们常人难以想象的,如果桑兰面对如此巨大的挫折和打击,对生活失去信心,止步于此,那么,她就不会有体操之外的各种荣誉。

遇到困难不止步,积极行动想办法去解决,对于实现企业的战略目标起着关键性的作用。在企业发展的任何阶段都会出现各种各样的困难,这些困难或大或小,如果遇到一点点困难就止步不前,不去想办法解决,久而久之,将会积累越来越多的困难和问题。这些困难积累到一定程度会集中爆发,到时想解决也无计可施了。

俗话说"方法总比困难多",如果我们面对困难积极思考,就一定能够找到解决的方法。即使暂时找不到解决的方法,我们还可以做一些有助于实现这个目标的其他事情,也许在做其他事情的过程中可以找到解决问题的方法。很多困难不是没有解决的方法,只是我们不愿意思考或由于惯性思维阻碍了思考出更好的方法,让我们的思维止步,被困难吓倒了。

所以,当困难出现时,不要停下来,把它看作是一次提升的机会,找出产生困难的根源,进而分析找出解决办法,积极行动,一旦你选择止步或放弃,之前所有的努力全部白费,而且对以后的发展也极为不利。

#### 思考题

(1)你曾被困难吓倒过吗?

（2）面对困难，让你止步的原因是什么？

（3）设想一个你认为很困难的事情，然后用演示的方法寻找解决之道。

## 正确干事不如巧妙干事

俗话说："干得好不如干得巧！"正确干事和巧妙干事是有很大区别的，巧妙干事的执行效率远比正确干事高得多，而且取得的效果也会更好。巧妙干事有一种鲜明的特点就是高效性、创造性、科学性，这种特性避免了苦干带来的盲目性、被动性和低效率的缺点。

三国时期，有人送给曹操一头大象，于是他带着儿子去观看。围观中，大家都好奇这头大象到底有多重呢？

曹操问："谁有办法把这头大象称一称？"

大家议论纷纷，有人说需要造一杆大秤，有人说造大秤也不行，因为没有大秤砣；甚至还有人说，把大象杀了，一块一块称。

这时，曹操的儿子曹冲站出来说："我有办法，把大象放到一艘大船上，看大船下沉多少，然后在船舷处画线，再把大象赶出来，往船上搬石头，直到船舷下到画线的位置，称重石头就知道大象有多重了。"

做事不仅要正确地干还要巧妙地干。巧干是正确干事的升级做法，就是在科学理论的指导下，遵循事情发展的客观规律，对于采用的方法和手段进行创造性地改进和优化，以此来保证被执行的工作目标可以快速实现。那么，巧妙干事究竟有什么重要作用呢？

（1）巧妙干事，与时俱进，符合科学发展观的要求。历史上我们曾有过激进的运动，幻想着可以取得美好的结果，实际情况却是不尽如人意，欲速不达，同样也有过为求经济的发展而忽视环境导致环境恶化和资源枯竭的问题，所以，干事固然是事业成功的保障，如果没有巧干很容易导致负面情况出现。具有实干精神的巧干才能称得上是真正意义上的科学发展。

（2）巧干会使事情事半功倍。历史上有很多例子已经证明了这一点，诸葛亮草船借箭、田忌赛马、庖丁解牛等等都是巧干的典型。放在我们当今的商战中也是同样的道理，在激烈的市场竞争环境下，倘若不会巧妙干事，最终只会让自己处于被动状态，陷入困境，直至被市场淘汰。只有巧妙干事，不断创新，做到人无我有，人有我优，人优我新，才能在市场上立于不败之地。

（3）巧妙干事是一种智慧的表现。在巧干上下工夫，不断创新，寻求突破，才可以找到跨越瓶颈的方法，才可以在较短时间内用最少投入换取最大效益。

巧干的秘诀在于工作思路的创新，以及工作机制和工作方法的不断改进和优化，要求我们在实际工作中善于用新眼光去看问题，用新思维对问题进行分析，用新方法解决问题。只有学会巧干，才会在实际工作中发挥主观能动性，采取巧妙的措施来应对可能出现的危机或问题，实现高效干。

所以，我们在平时的工作和生活中一定要养成这样一种意识：无论面对大事小情，在结果上尽量达到共赢的局面。除此之外，我们还要培养两项技能：学习和总结。没有不公平的能力，只有不公平的学习力。学习是一项很重要的能力，学以致用是将知识转化为效益的本事，可以让巧妙干事真正落到实处。学会总结以往的得失成败，可以提炼出做事的新技巧，方便以后遇到类似问题时可以快速有效地解决。

### 思考题

（1）巧妙干事与正确干事的关系是什么？

（2）巧妙干事的精髓是什么？

（3）分析巧妙干事与高效的关系。

## 简化不必要的环节

商鞅通过简化在政治经济方面的复杂环节，使秦国在经济、政治，尤其是军队战斗力方面得到了极大加强，最终发展成为战国后期最强大的封建国家，为统一六国奠定了基础；王安石针对"冗官""冗兵""冗费"这三大不必要环节进行精简，采取变法，既增加了政府的财政收入，加强了国家的军事力量，还大大促进了经济的发展，从而促进了社会的进步与发展；张居正变革采取的"一条鞭法"将各州县的田赋、徭役及其他杂税进行简化，归为一条，合并征收银两，按亩折算，大大简化了征收手续。简化不必要的环节可以促进社会良性发展，增强国家的稳定，这个观点现在已是广泛的共识了。

其实，我们深入思考不难发现，以上这些案例所简化的都是一些不必要的环节，而简化这些不必要的环节之所以能够促进社会的良性发展，原因之一是通过简化这些不必要的环节，增强了办事的高效性，提升了执行者的执行力。

比如对于一个企业来说，在追求规模化发展的路上，组织机构越来越庞大，各种制度的繁琐程度也在加强，文件性的工作越发重复化，运营过程越来越复杂，换来的却是越来越低的执行效率。随着运营和管理的复杂程度不断加强，很容易导致在执行过程中出现迷失企业既定目标或目标置换的现象，没有目标肯定会造成管理者或领导在日常的琐碎事务中花费更多的时间。因此，为了实现企业的快速稳步发展，必须要简化在发展过程中出现的不必要环节，让团队成员执行起来更容易、更有效。也只有简化了不必要的环节才能降低企业在发展过程中的沟通成本及管理成本，促进企业的良性发展。

那么，我们如何才能有效简化不必要的环节呢？

（1）简化繁琐的组织结构。对于一个团队来说，在组织结构管理上采取扁平化和非层级化的改革方式，传统的组织结构存在着严重的等级之分，团队成员之间是一种上下级而不是分工合作的关系，这在很大程度上导致了部门和员工之间合作不畅，而扁平化和非层级化的组织管理方式，可以让所有人参与团队目标的制定，全员参与的情况下，可以使信息进行及时传递与沟通，这不仅可以最大程度减少组织目标和个人目标之间的矛盾，而且还大大降低了沟通成本，提高了执行效率。

（2）以终为始，筛选团队在实现目标道路上的核心价值。团队所有的行为都要围绕实现目标来进行，将所有精力都放在实现目标的事情上面，只有做到以目标为导向，才能使企业逐步建立起自己的核心竞争力，简化与目标无关的不必要环节，才能更好地促进企业的良性发展。

（3）简化流程，流程越简单越有效。相对于繁琐的信息，简单易懂的流程更有利于员工的执行以及员工主动性的提高。优秀的团队领导者一定是深谙简单化管理秘诀的，他们知道如何使事情简单化，让团队员工能够方便执行。

简化的环节可以衍生标准的执行流程，从而促进高效的执行，最终确保执行目标的实现。所以，我们在实际工作中一定要着眼于如何进行简单化管理，从而促进团队的良性发展。管理者做到以终为始，坚持目标导向，所有决策和运营环节都要根据如何快速实现目标的标准进行设置，加强在团队执行力方面的管理，简化不必要环节。

### 思考题

（1）在你的团队中，有哪些环节是不必要存在的？

（2）试想一下，去掉那些不必要的环节，你的团队会发生怎样的变化？

（3）执行过程中，为什么会出现一些不必要的环节？如何避免？

## 高效执行三要素

高效执行是指对于上级分配的任务，没有借口，坚决完成；承诺的事情，说到做到，并且做到最好。"言必行，行必果"是做人做事的基本标准。这是高效执行的两个主要方面，前面说了那么多，现在我们来了解一下高效执行的三要素——决策力、领导力和控制力。

决策力具体是指选择执行方案、选择执行人以及选择执行过程的决策能力，即选对人、做对事的能力。领导力是指对于执行及执行过程的有效领导及管理，领导力是一种影响和管理员工的能力。控制力是指对于执行过程进行检查，引导和纠偏的能力，也是一种自我纠正和纠正下属错误的能力。下面我们进行具体的阐述与分析：

（1）良好的决策对于高效执行具有方向性的指导。良好的决策是对做事方向、做事的人以及做事方法进行选择和甄别，争取做到人尽其才，物尽其用。此外，还要在执行过程中给予足够的资源保障，对员工适当放权并给予一定的决策权力，以确保员工可以提高执行的积极性和效率。

对于个人来说，一个正确的决策可以起到事半功倍的效果，而一个错误或失去时机的决策，则会产生事倍功半的效果。比如一个厨师炒菜，该放盐的时候他犹豫了，没有马上做出决策，3分钟后该出锅了才放进去，显然这个菜是不进味的。做事情也是如此，该决策的时候不决策，失去机会往往需要我们付出更多的时间与精力去弥补。

（2）优秀的领导可以有效避免执行过程中出现大的纰漏和问题。优秀的领导的具体做法是对目标、措施的制定进行及时检查和指导，还要对执行的目标、执行过程以及预期的执行结果进行明确和评估。

在一个企业中，高效执行力能否得以实现与领导或管理者的素养有直接关系，员工的高效执行除了与自身素养有关外，还与管理者的管理因素、环境因素等有关，高效执行的实现需要信息和执行环境作保证。高效执行是一个整体概念，如果因得到的执行效果达不到预期目的而去责怪具体岗位执行人员，是不合理的，也是不利于整体发展的。

因此，对于下属的培养和指导是领导的责任。员工在执行过程中出现问题实际上就是上级主管的问题，对于下属的选拔、岗位能力的评价、达到的预期执行结果等都是上级主管必须提前解决的问题。

（3）对于过程的良好控制可以产生理想的结果。如果没有明确规范的过程控制就不会出现良好的结果，对于执行过程进行控制可以确保每个细节落实到位，对于出现的问题及时进行处理和解决，可以促进良好结果的产生。

控制力不管对于管理者还是一线具体执行者都很重要，管理者要对全局进行良好的控制，比如两个部门之间需要配合去完成一件事情，当其中一个部门因为效率低而影响另外一个部门的执行效率时，管理者要协调控制两个部门齐头并进的速度。对于个人来说，在执行的过程中，当有外力阻碍目标的达成时,要发挥自己的控制力,紧紧把握既定的目标,控制好自己执行的方向和效率,不被外界因素所干扰。

### 思考题

(1)对于高效执行的三要素,你所欠缺的是哪一个?

(2)影响你企业高效执行的要素是什么?

(3)针对企业现在的情况,采取什么措施可以有效改善?

# 第九章
# 积极干：激励提升执行干劲

不管是团队执行力还是个人执行力，积极性是高效执行必不可少的要素，但任何人及团队都不可能时刻保持激情饱满，都有心情低落、气氛压抑的时候，为此，我们需要用激励的方式激发个人及团队的积极性，从而保持干劲。

执行力是干出来的

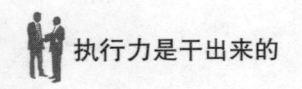

# 调整心态，自我激励

邰丽华，出生于一个普通的家庭，在2岁时，因为一场高烧而失去了听力，从此这个世界把她封闭在无声的环境中。但在她幼小的心中，萌发着一种自强与奋发的苗子。7岁那年，父母将她送到离家很远的武汉市聋哑学校学习。在此期间，她刻苦努力，顽强拼搏，品学兼优，毕业后成为了聋哑学校的教师，后来又进入北京中国残疾人艺术团，担任演员队队长，同时兼任中国特殊艺术协会副主席，在艺术道路上取得了辉煌的成就。

在春晚上由她领舞的《千手观音》节目，凭借精湛的艺术与身残志坚的精神震撼了观众，震撼了世界。由此，她成为了《感动中国》2005年度人物。

客观的世界是有特定规律存在的，不会因为人的主观世界而有所改变。但是心态是人的一种主观意识，是受自己支配和控制的，在不能改变客观世界的情况下，要想取得理想的成就就要改变我们的心态并根据客观世界的情况做出相应的调整，对自我进行激励，让自己保持饱满的精神状态和良好的心态。状态决定结果，心态好，状态就好，在实际执行中才会发挥出更大的积极性，也才能保证执行的高效率。

正如一位哲人所说："既然无法改变现实，那就让我们从改变自己做起！"既然调整心态、自我激励对执行效率的提高有如此重要的作用，那么，具体该如何做呢？

（1）进行积极的自我暗示。这是一种预设成交法，积极的自我暗示可以使员工产生实现目标的自动倾向，可以产生积极的心态，相信自己能进步，当看到成功的希望就会激发我们在执行过程中的动力，最终有利于执行目标的实现。

（2）对自己的目标或理想进行适时调整。根据自己的实际情况制定适合自己的目标，定得过低会失去前进的动力，安于现状，不求进取。如果目标太高或者根本与自己实际情况不符，在实践中就难免会遭受一次又一次的失败，对于自信心也是一种打击。所以，在执行过程中要制定弹性目标，根据实际情况进行适时的调整，不断朝着自己预期的目标前进。

（3）学会微笑。微笑是最美丽的语言，微笑可以给人带来自信，也是治愈自卑的良药。我们执行过程中遇到困难时，不妨笑一笑，用微笑去面对，客观理智地分析原因，对自己做出正确的评价，然后继续信心满满地开启下一个奋斗的阶段。

（4）化情绪为行动。在实际执行过程中，我们会遇到困难或问题，此时难免会有很多的负面情绪或打击，在遇到这些打击后，心态可能会变得消极，这时，我们就需要学会将情绪化为力量，将自己的注意力转移到踏踏实实的行动中，从取得的小成就中慢慢找回自信。

### 思考题

（1）自我激励的方法有哪些？

（2）感受并分析"将情绪化为力量"的激励原理。

# 构建完善的激励机制

激励机制是通过制定一定的方法与相应的管理体系，促使员工对于企业或自身工作所作的承诺达到最大化的一个过程。激励机制具体是指在组织的系统中，作为实施主体通过运用多种系统的激励手段，以达到让执行过程更加规范化和系统化的目的，从而与实施的客体相互作用、相互制约的结构、方式、关系及演变规律的总称。完善的激励机制是将企业发展战略转化为具体实施措施的一种手段。

7个人住在同一个屋里，每天喝同一桶粥，且一直不够喝。

刚开始，他们采用抓阄的方法让一个人分粥，这样一来，分粥的那个人永远是饱的，等待分粥的人就要挨饿，如果运气差轮不到自己分粥，一个星期都会挨饿。后来，他们推选出了一位品德高尚的人来分粥，这样一来，大家为了能够给自己多分点粥，拼命地去贿赂这个人，挖空心思去讨好他，环境气氛非常糟糕。

再后来，他们成立了两个组织：一个是由3人组成的分粥委员会，一个是由4人组成的分粥评委会，每次分粥，他们都要扯皮、辩论攻击、讨论一番，等分到粥的时候粥已经凉了。

最后，他们想出了一个方法，轮流分粥，让分粥者先将粥分成7碗，分粥者需要等到其他人选完之后选最后一碗。这样，为了不让自己喝最少的粥，分粥者总会将粥认真细致地平均分到7个碗中，大家生活和和气气。

完善的激励机制可以鼓励员工更加积极主动地工作，这对于企业团队的执行力有很重要的作用：

（1）完善的激励机制是提升企业绩效的有效途径。在企业里，如果员工的价值无法通过绩效评估体现出来，或者员工的劳动成果无法得到应有的尊重，对于员工的积极性是一种打击，最终会影响企业的发展和进步。相反，如果员工良好的行为及表现可以得到及时的承认和肯定，就会大大提高员工的满意度，并进一步激发员工执行的积极性和主动性，从而推动企业的进步和发展。

（2）完善的激励机制可以最大限度挖掘员工的潜力，并且可以最大程度地优化企业人力资源的质量。每一个员工的潜力都是无限的，对于员工潜力挖掘的深入程度直接影响着企业的生产和日常管理。完善的激励机制对于员工的创新精神是一种激发，对于企业的人力资源质量也起到一种优化的作用。

（3）完善的激励机制有助于企业和谐氛围的营造。在实际执行过程中，对于员工的良好行为和表现进行及时的表扬和鼓励，可以强化员工朝着企业预期目标前进的意识，这种正向的激励可以减少由于过多的负面信息给员工造成的对企业的负面情绪，在很大程度上缓和了员工和企业之间的矛盾，增强了员工对企业的忠诚度，提高了企业团队的凝聚力和向心力，有助于企业的和谐稳定。另外，完善的激励机制可以为员工带来物质和精神上的满足，从而使员工的工作化被动为主动，有助于增强员工的责任感，促使员工主动去解决在工作中出现的问题和困难，进而促进企业和谐氛围的构建。

完善的激励机制对于企业的发展有着至关重要的作用，那么，构建激励机制究竟需要从哪几个方面入手呢？

执行力是干出来的

（1）根据企业自身的特点进行企业文化的创建。企业的管理在一定程度上就是用文化对员工进行塑造，企业文化是企业管理中的一个重要环节，企业文化成功与否跟员工积极性以及团队凝聚力、向心力和创造力有着很大的关系，因此，构建企业文化是建立激励机制的方向性选择。

（2）激励机制的构建一定要做到精确、公平、公开。激励机制的建立一定要体现公平的原则，激励机制实施的对象就是员工，因此，建立激励机制需要征求广大员工的意见，在此基础上制定出适合绝大多数员工的激励机制。对于制定的机制还要进行公示以便激励机制可以严格按照制度来执行并能够做到长期坚持。此外，还要将激励机制和考核制度结合起来激发员工的竞争意识，使这种外部的推动力量转化成为一种促使自我努力的工作动力。

（3）建立科学合理的奖惩制度。首先，奖惩的数额要适当拉开差距，不搞平均主义；其次，管理者需要根据员工的实际工作能力和业绩制定相应的绩效考核标准，制定出公平合理的竞争及薪酬制度；再次，把握奖励的时机，一定要做到及时、快速，错过最佳时机对于员工的积极性也是一种削弱。

（4）采用多种激励机制综合运用的方法。企业需要根据自己企业的实际情况和特点采用不同的激励机制，诸如工作激励、参与激励等方式来激发员工的积极性和创造性，提高他们在执行方面的效率，从而带动企业的进一步发展。

激励机制的完善程度与企业团队执行力有着极为密切的关系，对于实现企业发展目标也有着很重要的作用。完善的激励机制可以最大限度地激发员工的积极性以及执行的主动性。因此，企业领导一定要将激励机制的建立当作一项重要工作来抓，以确保企业的快速稳健发展。

## 思考题

（1）你的企业激励机制完善吗？

（2）激励机制的核心和目的是什么？

（3）分析自己团队当下的激励机制，寻找问题，并提出解决方案。

## 恰当奖励，优秀就应有回报

奖励是一种手段，其最大意义并不在于本身，而是由奖励所带来的对于某一种价值观的认同以及通过奖励这种方式给企业团队带来的正面效应。一方面可以让优秀员工的努力得到肯定，从而进一步激发他们的积极性和创造性，另一方面也是对企业员工进行的一种企业文化传递的实际演练，更是对消极落后员工的一种督促。

恰当奖励指的是对于团队成员的奖励，在奖励时机、奖励金额、奖励对象、奖励形式上都要做恰当的安排。奖励时机的把握是非常重要的，如果奖励的时机把握得比较恰当，那么它所带来的效益将是很大的，对于企业团队成员的积极性以及执行效率的提高将会起到极大的促进作用。

恰当的奖励还要在金额上面进行设置，要拉开差距，不能搞平均主义，要按功分配，否则对于做出最大成就的人的积极性是一种损害，会出现"大锅饭"的现象，说到这里又涉及奖励对象的问题，只有恰当地认定奖励对象，落实到具体的有功人员，才是最妥帖的做法，不可以乱糟糟一团麻，分不清主次，这样将不利于企业的整体发展。

某企业的工资结构是基本工资＋奖金，每月除了基本工资外，另外发给员工1000—5000元的奖金，具体金额根据个人业绩核发。可是在实际运行中，员工并没有因为每月多发奖金而高兴并努力工作，相反纷纷抱怨每个月奖金发得少,他们认为,这个奖金是他们应得的,不是奖励。

后来这家公司改变了工资结构,基本工资增加200元,奖金以季度为周期,发给那些工作优秀的员工,最高可达10万元。

政策改变后,该企业的工作氛围马上发生了天翻地覆的变化,员工们干劲比以前更足了。而对于公司来说,并没有增加额外的支出。这便是奖励形式的重要性。

同时,奖励形式的设置是企业文化的体现,彰显着企业领导对于优秀员工的重视。就好比明星走红毯一样,通过设计十足的形式感,可以让员工有一种荣誉感,让员工产生一种被尊重的感觉。另外,对于颁奖人选的选择也要慎重,试想一下,如果一个在一线工作的员工由于优秀的业绩在颁奖仪式上被企业负责人授奖,无形之中就是一种极大的鼓励。

在传统的组织和人力资源管理方面,对于奖励所发挥的作用没有得到应有的重视,在实际执行中,管理者或团队领导绝大多数只是进行偶尔的奖励而不是形成一种常规或系统的机制。但是在当代社会的大背景下,人的因素在组织和企业的发展中的重要作用日益提升,人的执行效率的高低直接决定着企业发展战略能否得到实现。那么,给予优秀员工恰当的奖励,作为回报的作用究竟体现在哪几个方面呢?

(1)恰当的奖励有利于促进企业目标的实现。企业目标的实现依托的是团队成员的执行力,而员工的执行力是靠个人的积极性来助推的。因此,实现企业目标就需要有人的积极性和士气,而恰当的奖励就可以让员工有一种被认同感,从而提升自己的精神面貌,提高员工积极行动的动力。

(2)对于优秀员工进行恰当的奖励有利于企业其他各生产要素的功效得到最大程度的发挥。企业的经营是人进行有意识、有目的的活动,企业的生产要素包括人、劳动对象和劳动手段,在这些要素中,人是最活跃也是最根本的要素。其他所有要素只有跟人这个生产要素结合起来才能发挥最大效用，也才能转化为现实生产力，因此一定要对优秀员工进行恰当的奖励以促进企业生产力的有效提高。

（3）恰当的奖励对于员工的工作效率和业绩是一种有效的激发。激发员工的积极主动性是古今中外政治家、军事家、思想家以及领导和管理者都十分重视的问题。通过奖励可以激发员工积极进取和创新的精神，对于员工的努力程度是一种肯定，有助于员工取得更好的业绩。

（4）恰当的奖励也可以提高员工的素质。奖励和惩罚都是企业经营的一种手段，奖励可以分为物质奖励和晋升奖励，比如对参加技能或业务学习的优秀员工给予恰当的奖励，当这些奖励方式得到有效的应用，将会有助于企业团队形成良好的风气，也有助于团队成员提高自身的知识水平，从而提高整个团队的业务水平。

恰当奖励的最终目的是实现企业的终极目标，在实现企业目标的同时也要让团队成员的个人价值和目标得到实现，这才是企业领导者需要进行着重考虑的事情。因此，企业负责人一定要设置好自己企业的奖励机制，激发团队成员的积极性，提升团队的执行效率，从而助推企业战略目标的实现。

### 思考题

（1）你所在的公司设置奖励机制了吗？

（2）在你的团队中，员工对于当下的奖励机制满意吗？为什么？

（3）你被奖励或看到他人被奖励时，感受是什么？

## 有效惩罚，犯错就要承担后果

惩罚是一种行之有效的管理手段，有效惩罚如果运用得当，对执行力的提升是一种推动。犯了错就必须要承担责任，让犯了错的员工真正产生切肤之痛的感受，才能避免以后再犯类似的错误，提升团队的执行效率。

2018年1月17日，任正非签发15号公司文件——对经营管理不善领导责任人的问责通报。通报称，近年来，部分经营单位发生了经营质量事故和业务造假行为，公司管理层对此负有领导不力的管理责任，经董事会常务委员会讨论决定，对公司主要责任领导做出问责，并通报公司全体员工。其中，任正非被罚款100万元，郭平被罚款50万元，徐直军被罚款50万元，胡厚崑被罚款50万元，李杰被罚款50万元。

显然，华为是一个敢于惩罚且会惩罚的公司，这种惩罚方式对整个企业其实就是一种激励。

有效惩罚无论对企业、团队还是个人都有着极为重要的意义，具体来说有以下几个方面：

（1）对企业来说，有效的惩罚是一种对于员工的管理，可以帮助企业树立一种令行禁止的形象，有利于促进企业的文化建设，对企业的长远发展有极为重要的促进作用。

（2）对于团队或者部门来说，对出现错误的员工进行有效惩罚，有助于建立一种公私分明以及公平公正的团队氛围，有利于团队成员之间进行充分有效的沟通，对于打造向心力、凝聚力更强的团队起到很大的推动作用。

（3）对于员工个人来讲，对于出现错误的员工进行惩罚，虽然会给他们带来痛苦，但可以让其铭记错误，有效改正自己的不足，提升个人能力，执行效率也会得到有效的提高。

有效惩罚无论是对于企业、团队或者个人都有至关重要的作用，企业发展的根本在于人，只有将人的积极性与主动性有效地激发出来，才能将企业的发展目标与个人目标和价值的实现结合起来。有效的惩罚就是一种对于个人主动性和积极性进行激发的必要管理手段。那么，我们应该从哪些方面建立惩罚措施呢？

（1）根据自己团队的实际情况以及会出现的问题建立有针对性的惩罚方针和标准。团队发展中执行力低下或出现问题一定是人的原因造成的，所以，惩罚对象要明确，能够落实到人身上。

（2）成立监督小组对惩罚机制的实施过程及结果进行适时监督和检查。惩罚制度的实施必须依靠监督机制作保障来确保执行结果有效。如果没有过程的监督及对实施结果的评估就会导致惩罚机制流于形式。最为重要的是，惩罚制度构建后一定要敢于实施。

（3）在实施惩罚制度的过程中，要总结反思惩罚制度的有效性，不断进行修正，并反思执行者出现错误的原因是什么，不断改进惩罚制度，从而更加有效地减少执行中出现的失误。

### 思考题

（1）有效惩罚的目的及重点是什么？
（2）什么样的惩罚才是有效惩罚？
（3）你被惩罚或看到他人被惩罚时，感受是什么？

## 放权，激发员工执行力

世上最困难的事情不是你去追求没得到的东西，而是要你把现在拥有的东西拱手让人，尤其是权力。如果要你把一项你最为擅长的工作或者把你的权力拱手交给别人，别人做好了还行，一旦搞砸了，作为领导的你还要费心费力地去处理这件事。但是，放权是一个企业迈向成功所必须要走的一步，暂时的放权是为了更好地进行管理，是让管理更轻松，让员工更有干劲的最佳途径。

作为企业管理者，要学会观察员工对于你的态度变化，如果员工觉得你在时时控制着他，让他们有一种被逼迫的感觉，而且对你没有丝毫信任感时，就说明你不是一个懂得放权的领导。其实在一个企业里，每个人都有放权的机会，上至企业负责人，下至普通员工，每个人都面临着放权的问题。只有做到放权才能最大程度地激发执行力，有利于企业发展战略的实现，但是放权必须有度，放权无度会造成权力流于形式或者由于无人监督带来的权力滥用的负面影响。那么，究竟在什么情况下可以进行适度的放权呢？

（1）对你来说在做没有任何挑战性的事情时就需要放权。当这件事情你不用花费太多时间就可以轻松完成时，同时，对你的职业技能已经无法起到促进作用，这时，不妨放权将这件事情交给有能力的员工去做，提升他们的业务技能。

（2）当优秀员工的积极性、执行力下降时，不妨放掉一些权力，给他们一些新鲜感，满足他们的权力欲望，刺激他们的积极性，从而保持他们的执行力。

（3）当你的思维习惯出现定式，导致某些问题无法突破时，不妨放权给一些有创新精神的员工，让他们用自己的方式来执行，也许会出现柳暗花明的效果，同时自己可以有更多的时间做其他事情。

以上我们分析了何时该放权的情况，但是，究竟该如何进行放权呢？

（1）放权时应该做到权责一致，同时下放。

2015年左右我在做培训的时候，有一名主管找到我，说他每天忙得焦头烂额，事情特别多，问我有什么好的建议。我建议他授权，将一些不重要的事情交给下属去做。

一段时间后，他给我打电话说，这个方法根本行不通。问其原因，他说："事少了没错，但倒给我添了很多麻烦。一些员工做事不认真出现问题，最后全要我来处理善后，而且还要负责，效率还没有我自己去做高。"

显然，这位主管原先很忙是做事，现在很忙是给下属"擦屁股"，主要原因就是权责不一致。

所以，在权力下放时，管理者必须向被授权者明确授权范围、完成标准、完成时间以及权力的使用范围，让他们知道自己的权力以及要承担的责任是什么。这些必须要给权力的接受者进行明确，他们只有在知道自己该做哪些事情后，才会对执行的目的更明确。另外，管理者在放权之后还必须加强对于执行过程的监督检查及协调工作，以确保下属能够将所授予的权力进行最大化使用。

（2）权责统一可以确保工作顺利开展，增强员工的执行效率。要使授权和责任达到最大效果，应灵活掌握以下原则：明确授权事项的责任、目标及权力范围；让员工参与授权的讨论过程，让他们根据自己的能力选择自己的任务；适度的授权可以使权力效益发挥到最大化，权责要统一，责大于权会导致员工的不满，权大于责会出现员工去干职责以外的事情导致管理上出现混乱的局面；根据员工的能力实行分级控制；逐级授权，切不可出现越级授权的现象；对于权力要保证可控性，授权绝不是放任不管，管理者在授权之后还必须保留对于被授权者的监督检查和控制。

（3）一定要督促被授权的下属立即采取行动。管理者授权给下级只是完成了第一步，最重要的一步就是执行，没有执行的授权就会流于形式。必须做到具体任务的实施者和权力的授予者明晰化，不至于出现问题之后相互推卸责任。另外还要讲明原则，管理者负责的是大方向上的把控和指导，而具体的实施者要为自己的行为负责，出现问题之后要去进行解决。

授权不可一概而论，作为企业管理者一定要根据每个员工的特长和能力进行授权，确保每个人做的都是自己擅长的事情并且让每个人的潜能都能得到最大程度的发挥，让员工有更多的决策机会和施展空间。只有这样才能有效激发员工的执行力，提高执行效率，从而带动企业战略目标的有效实现。

### 思考题

（1）什么时候可以放权？

（2）如何放权？

（3）权力对执行力的促进作用有哪些？

## 描绘美好蓝图，给员工一个奔头

现如今大多数企业都面临着一个问题就是留不住人，企业员工的流失对于企业来说具有很大危害，比如员工流失后，企业培养新员工的成本以及流失员工尤其是企业高管进入竞争对手企业带来的危机等。因此企业负责人必须在留住员工这方面花费更多的心思，打造稳定的企业团队。

如果有位老板说："你跟着我干，两年之后给你年薪20万元，包含五险一金，管吃管住，一年两次国外旅游，三年后年薪提升到30万元。"你会不会行动呢？你还会跳槽吗？

相信你肯定不会，你一定会积极努力地工作，向这个目标努力前进。这就是描绘美好蓝图的效果，它能够有效激发一个人的积极性，甚至会不顾一切地去努力。

蓝图描绘得好坏将直接影响管理者及员工的心情以及实现的决心。这种做法在现代企业里尤其适用，一个优秀的企业管理者一定是一个善于描绘美好蓝图的人，同时，描绘的蓝图也是以详细的实施方案为基础的。最重要的是让员工从你的描绘中能知道经过自己的努力是可以实现目标的，能让员工有一种奔头。当员工有了奔头和希望后，为了实现目标自然会积极行动起来，执行力得到提升，最终会促进企业整体发展战略的实现。

但是，描绘美好蓝图这种方式如果运用得不合适或者没有把握好度，比如两年之后老板并没有兑现当初的承诺，没有年薪20万元，没有五险一金等，那么，这就是乱开空头支票、乱许承诺，这种情况造成的结果是员工对你产生不信任，工作中执行力下降甚至不执行。因为诚恳是人与人之间交往最重要的基础，乱开空头支票却不能兑现与欺骗没有任何差别，一旦员工受到欺骗，就会情绪低落，甚至会对领导的人品进行质疑。

那么，究竟该如何给员工描绘美好蓝图才能让员工有奔头呢？

（1）根据企业自身经营状况、同期增长比率以及团队成员规模和每个人的能力对当年的目标进行预估，制定相对应的目标，确保企业员工经过努力一定可以达到，并兑现自己对于员工的承诺。

（2）给员工描绘的蓝图即目标一定要清晰明确，切忌含糊其词，做到标准的量化。有些领导喜欢说"等公司赚了钱一定不会亏待大家，大家好好努力"类似这种让员工心里没谱的话，这样员工心里会产生一种不安全感，久而久之对于企业也不会有很强的归属感，自然而然也不会有很大的工作动力，在实际执行中也会大打折扣。

员工的积极性与企业的利益是息息相关的，企业管理者要想员工在执行力方面取得更大进步，不妨给员工描绘美好的未来，让员工看到自己美好的前途。

### 思考题

（1）你所在企业管理者给你描绘过美好蓝图吗？

（2）描绘美好蓝图的意义是什么？

（3）如何正确地描绘美好蓝图？

## 用赞美调动员工积极性

赞美是一门艺术，通过对员工的赞美来调动他们工作的积极性以及执行效率是一种技能，赞美可以使员工的工作积极性得到很大提高，也能促进企业成员之间的关系更加和谐。作为企业管理者，一定要学会使用赞美这项技能，因为赞美是成本最低廉的投资，通过赞美换来的回报却是无比巨大的。

1921年，美国钢铁大王卡内基准备用年薪100万美元聘请一位执行长，如此诱惑的薪水，引来众多应聘者纷纷报名，他们大多数都身怀绝技，各有所长。可是，最终，卡内基偏偏选择了一位资质平平的年轻人，他叫夏布。

很多人表示不解，为什么要选他呢？

卡内基说："因为他会赞美别人，这是他最值钱的地方，也是很多人缺乏的一种能力。"

原来卡内基在应聘夏布的时候发现夏布情商很高，懂得赞美。

后来，夏布成为卡内基最为得力的事业助手之一。

在工作中，我们更多的是和人打交道，从人的本性出发，每一个人都倾向于听赞美的话，而不是批评的话，尤其是来自上级的赞美。当员工的言行得到了上级的赞美，他就会产生很大的荣誉感和满足感，精神上会得到很大满足,自然,他的工作积极性也会得到极大的提升。

奖励员工有两种方式,物质上的奖励和精神上的满足。古语有云:"重赏之下,必有勇夫。"相对于物质奖励,员工在精神上的满足所带来的正面效应会更持久,物质奖励是理性的,而精神上的满足更偏重于感性,当一个员工从心理上愿意跟你在统一战线上,那么这个团队的向心力和凝聚力就会很大,所以,赞美对于一个员工积极性的稳定会更持久一些。

赞美一个人的点有很多,选得对可激发其积极性,选得不对会让对方觉得是一种讽刺。比如一个女士胖,你说:"哇!你的身材太好了。"这就不是赞美,而是讽刺。举个正面的例子,在双方的对话中如果你说:"这个问题我一直都不是很懂,听了你一席话我终于明白了。"这一定会让对方心花怒放。对于员工的赞美其实很简单,我们赞美的目的是让对方感受到自己在工作中的重要性,在领导心目中的地位,从而激发其工作的积极性。因此,只要我们找到合适的机会即可,比如"这件事情你办得非常漂亮,客户非常满意""我发现你专业技能越来越强了,有些问题我都赶不上你了""你最近进步很快啊,值得表扬"等等。

类似的赞美都可以激发员工的积极性,关键点在于赞美最好与工作有关,针对其弱项进行赞美,以此激发其对自己弱项的提升。

对员工赞美时机及场合的不同,也会产生不同的效果。比如在私下你们两个面对面对其赞美和在大会上公开对其赞美效果是截然不同的。私下赞美具有私密性,适合赞美其相对于其他员工不占优势的点,因为这些点在公开场合赞美,容易被其他员工当成笑话,对赞美者不会产生积极的影响。公开赞美对于被赞美者来说,更能满足其心中的欲望,激发其积极性,但是可赞美的点比较少,因为既然要公开赞美,就一定是一些出人头地的点,在所有员工中能够独树一帜,否则难以说服大众。所以,在赞美点的选择上一定要谨慎。

凡事要坚持适度原则,管理者对于员工的赞美不能频繁操作,经常对员工进行赞美，一方面激发其积极性的效果会越来越弱，另一方面会给员工造成不好的印象，你在员工心里的威信也会慢慢削弱。

赞美是一种素养，赞美也是成本最低的投入，赞美可以使员工的积极性和执行效率得到提高。因此，作为企业管理者，对于员工的赞美一定要做到及时有效，以此来充分发挥员工的积极性，进而推动企业发展战略的实现。

### 思考题

（1）人在被赞美时，是一个怎样的心情？

（2）赞美下属应该从哪些方面入手？

（3）怎样的赞美更能激发员工的积极性？

## 用升职激发员工执行力

职场升职加薪是所有员工梦寐以求的，升职意味着员工朝着一个比现在更有挑战性的工作岗位迈进，也意味着员工享有的职权福利可能更多。总之，升职是让人非常开心的事情。当然，与此同时，需要承担的责任也将更多。对于一个团队来说，提拔员工的目的一是根据其能力的提升，将其放到更加合适的位置，充分发挥其潜能；二是根据其资质潜力，培养提升其个人素质和能力。

为什么说会对员工的执行力有很大的帮助呢？

打个比方，如果和你平级共事多年的同事有一天升职了，你会怎么想？你肯定会羡慕，之后便会产生一种超越赶上他的想法，在这种想法的影响下，你工作的积极性必然会提高。当然，要达到这个效果，对于员工的升职一定要公平、公正，具体有以下几个方面：

（1）升职要有一定的依据。升职的标准主要是依据员工的能力、资历以及对于企业贡献大小来进行评判。

（2）升职要有一定原则。升职的员工一定是德才兼备的，企业对于员工的重用一定是从品德和才能方面综合考虑的，这样的原则和标准会促使员工不断向这方面努力，督促员工在平时工作中要求自己不断进步，提升执行力。

（3）升职机会对于每个人来说都是均等的。企业的人力资源部门实行的是公开招聘和公平竞争，依据每个人的能力和工作成绩来评定岗位的匹配度，这样的做法会在一定程度上激发员工的上进心，也有助于执行效率的提升。

既然升职对于员工的执行力有如此大的推动力，那么，究竟如何对升职的渠道和方式进行设计才能达到提升执行力的目的呢？

第一种方式，对职位进行阶梯式设置，对于一个职位要列出职位渐进的顺序。序列设置的标准包括每个职位的头衔、薪酬、匹配的能力、资历以及培训经历等，并以此来区分各个职位的不同方面。管理者可以依据这些职位的阶梯排列对员工进行垂直或者水平晋升。

第二种方式，进行职位调整，职位调整的目的是晋升那些职位发展空间相对局限的一小部分员工。管理者从他们中间选择晋升的候选人，而不将其他资历更老的员工作为考虑对象。如果选定的这一部分员工没有合适的人选，作为企业负责人为了实现预期目标，避免资源浪费，可从外部招聘适合本岗位的员工。

第三种方式，职位竞聘，这种方式的优势在于给所有员工提供一个公正、公平的平台让所有员工来竞聘，这种方式的最大效用就在于不仅对员工的动力是一种增强，还可以避免出现由于管理者对于某些员工的偏爱产生的不公平晋升局面。这种方式还需要管理者做到一点就是必须对所有应征者做出客观评估和判断，并且对于没有竞聘成功的员工做出合理的解释，以免伤害落选者的工作积极性。

除了以上三种方式之外，还有一种叫"预升职"的方式可以用来提升员工执行力。具体做法就是企业管理者、部门主管、员工和人力资源部门共同配合让员工制定专属自己的职业发展规划，这种方式一来可以让企业主管或负责人加深对员工的了解，二来可以让员工更加专注于自己未来的发展方向并为之付出自己的努力。制定职业发展规划的过程是主管和员工沟通的一次机会，另外，当员工对于自己未来发展的规划更清晰时，对其在实际工作中的执行也是一种很好的指导，对于执行力的提升也有很大的带动作用。

执行力是确保企业战略目标实现的保证，升职就是一种提升执行力的有效手段。升职意味着对员工的职业素养提出更高的要求，需要其承担更多的责任以及付出更多的努力。作为企业的负责人，一定要利用好升职这个利器，给有能力的人提供更好的发挥平台，充分调动升职者和未升职者的积极性。

### 思考题

（1）你是否羡慕那些升职的员工？
（2）给员工升职对被升职者和其他员工的意义是什么？
（3）升职激发员工执行力的要点是什么？

## 活用攀比法则

有人的地方就有攀比，许多人聚在一起的时候总免不了要攀比一下，有可能今天比的是谁的衣服或者鞋子更好看，明天就会比较谁挣的钱多，接着就可能会比较谁的对象更有钱、更有魄力。总之攀比的内容五花八门，数不胜数。

职场中员工的攀比更多体现在物质上，对于这种攀比现象，人们各执一词，有的人认为攀比是一种负面情绪的表达，时间一长人们往往会因为攀比而迷失自己，看待事情的角度将会过于偏执，最终会影响个人的发展和进步。还有一些人认为攀比是进步的源泉，正是因为有了攀比这样的心态出现，人们才会为自己设定目标并且为了目标不断地前进与努力。两种看法都没有错，并且攀比现象本身是客观的，无所谓好坏之分，关键就在于我们如何引导攀比者的心态朝着积极的方向发展。

攀比法则是一把利器，企业管理者运用得当对于团队成员执行力将会起到极大的促进作用，反之则会出现负面作用甚至导致企业经营的失败。比如当一个员工的业绩从第一名滑到了第三名后，你对他说："小张啊，你看小刘进步很快啊，这次业绩做到了第一名。"这句话对于小张来说，就会产生一种积极的攀比心理，心想："自己一直是第一，这次居然落后了，一定要继续努力，继续保持在领导心目中的第一。"

而一个一直业绩倒数的员工，你对他说："你看人家小刘，每次都是第一名，你要加油啊！"这句话对于这位业绩倒数的员工来说就不一定会产生积极的攀比心理，而更可能会想："领导，你是在鄙视我吧！我就这样，大不了不干了，有啥了不起。"

所以，攀比法则的运用要讲究技巧，否则会适得其反，不但不能激发员工的积极性，反而会影响其工作的心态。

攀比法则可以激发人最原始的欲望，对于人们的行为会起到引导作用。尤其作为企业管理者，活用攀比法则，通过各种各样的方式让员工自发地与周边同事攀比，找出自己的差距和不足，从别人身上寻找自己的短板，提升其积极性。那么，如何对攀比法则进行正确运用呢？

（1）正向思维的引导。攀比法则是一种潜意识的表达，潜意识的作用是巨大的，如果对其进行正面运用将会有效激发员工积极性与主动性，对于员工执行力的提升将会起到非常重要的作用。反之，如果运用不当，不仅不会达到预期的效果，反而会带来更加负面的结果，挫伤员工现有的积极性，不利于团队整体的发展和进步。

（2）在确定了正确的攀比导向之后，接下来就是引导员工去寻找正确的攀比对象。攀比对象的寻找也是极为重要的，找比自己条件高出很多的，差距太大，结果就会因为达不到攀比对象的高度而颓废，对于员工的积极性也是一种极大的挫伤，到最后使得攀比心态扭曲了，以致演变成达不成目的的恶意攀比。大数据显示，攀比法则之所以可以发挥正面效应就在于攀比者会将身边和自己能力差不多的人作为攀比对象，而且这类人的进步速度很快，在快速达到自己的预期目标后就会继续寻找比自己更优秀的人去攀比，周而复始，让自己慢慢进步，积累自己的成就。

（3）切忌让虚荣心驱使攀比心。有些员工与别人攀比是虚荣心惹的祸，这种在虚荣心驱使下的攀比心是不健康的。举例来说，当一个女生看着另外一个女生的名牌服饰很漂亮，于是心里暗暗下决心攒钱买，最后服饰买了，面子上是有了，但是换来的却是接下来一个月节衣缩食的生活。这种有了面子，没了里子的攀比是断不可取的。所以，管理者要正确

执行力是干出来的

引导。

现如今，人们的生活水平、工作环境、人文素养已经有了显著的提高，职场里的人总会不由自主地与周边人进行攀比。作为管理者，要正确把握攀比心，让攀比心态成为激发员工积极性的利器。

### 思考题

（1）你有攀比心态吗？

（2）运用攀比法则的要点是什么？

（3）制定一个运用攀比法则激励员工的方案，并列出具体的实施步骤。

# 第十章
# 到位干：干不到位，不如不干

一着不慎，满盘皆输，干不到位，等于没干。执行力的结果往往取决于执行过程中的细节，细节决定成败，小细节可以成就大执行力，同理，小细节也可以破坏大执行力。

## 小细节决定大执行力

现代管理中，执行力的作用得到了充分重视，同样，细节在日常的管理中也应引起足够的关注，细节决定成败，小细节可以成就大执行力。细节之所以会成为普遍关注的话题，其主要原因就在于细节和执行力是任何企业都会面临的问题。现在小细节决定大执行力的主流思想已经开始广泛应用在管理领域。

在日常工作中，小细节对于执行力的决定作用是巨大的，在不同时期"细节"一词的含义是不一样的。我国古代著名的思想家老子就曾说过："天下难事，必作于易；天下大事，必作于细。"战国时期秦国流传着一句话："泰山不拒细壤，故能成其高，江海不择细流，故能就其深。"惠普公司的创始人戴维·帕卡德认为："小事成就大事，细节成就完美。"所谓"大礼不辞小让，细节决定成败"，当今社会，想做大事的人很多，但是很少有人愿意把小事做细。企业里不缺少雄韬伟略的战略家，缺少的是将细节做到极致的执行者；不缺少种类繁多的管理规章制度，缺少的是对于规章制度不折不扣的执行。因此，在平时工作中，要想成功就必须从简单的事情做起，从细微之处着手，对于细节处理的精细程度决定着执行力发挥作用的大小。

通过对成功企业的研究，我们不难发现正是对细节的苛刻追求才造就了强有力的执行力，最终取得巨大的成就。全球知名快餐品牌麦当劳就是在细节上做成功的例子，通过长期调查研究，麦当劳计算出了领取食物、放置钱币最佳的位置就是92厘米，正是基于对每一个细节的精益求精，才成就了麦当劳世界快餐食品第一的品牌；麦当劳的竞争对手肯德基也是对细节极致追求，在食品制造工艺上严格规定鸡块要在面浆中拿进拿出15次以后再进行烹炸，这个细节造就了肯德基的独特风味，也使之在中国市场的业绩稳步攀升；世界零售巨头沃尔玛规定所有卖场的员工要对在自己3米范围之内的顾客报以微笑并一定要露出8颗牙齿。从这些企业成功的案例上我们不难发现做事情时把细节做到极致很重要，对于细节的注重不仅仅是一种工作态度，更是一种做人做事的态度。在工作中只有关注小细节才有可能转化为实实在在的大执行力，进而带动企业整体发展战略的实现。

好的思想需要依靠行动来实施，完美的概念需要靠运作来兑现，好制度威力的发挥需要依靠实实在在的行动来保证，但是所有这些的执行都离不开对于细节的关注。那么，在日常工作中如何通过对细节的关注来提升执行力呢？

（1）通过提高员工整体素质提升员工对于细节关注的能力。在企业里，细节主要是通过员工平时的工作体现出来的，比如员工在不同工作场所的着装、办公桌物品的摆放以及在日常生活中对彼此称呼、问候和握手的正确方式等等。所以企业负责人需要围绕企业战略目标、执行力的提高方面加强对细节方面的关注，而不是眉毛胡子一把抓，没有重点。

（2）通过绩效考核和激励措施来提高员工整体素质。员工执行力的提高是一种内部驱动力量，而考核和激励措施是一种促进内驱力不断提升的外驱力，企业规章制度的有效实施依赖的就是强有力的执行，执行依靠驱动力来完成，而绩效考核和激励措施就是促使员工将细节做到位的最佳驱动力。

（3）着力打造精细管理的企业文化。企业文化是企业团队凝聚力的源泉，文化的力量是巨大的，它可以促使员工在思想上自发地去工作，完善

执行力是干出来的

各种各样的细节，精细化的管理可以引导员工持续关注细节方面的问题。

以上三种方法是按照管理的层次进行设置的，首先加强员工关注细节的能力进而激发员工的能力，从而创造使员工能力得到充分发挥的环境，最终达到将小细节转化为大执行力的目的。日常工作无小事，只有用心关注每一个小细节才能打造真正的大执行力。

**思考题**

（1）细节决定成败的意义是什么？
（2）细节在执行力中的作用是什么？

## 不做"差不多先生"

中国最有名的人是谁？胡适先生在他所著的一篇文章中给出了答案，原文是这样的：

你知道中国最有名的人是谁？提起此人可谓无人不知，他姓差，名不多，是各省各县各村人氏。你一定见过他，也一定听别人谈起过他。差不多先生的名字天天挂在大家的口头上。

差不多先生的相貌和你我都差不多。他有一双眼睛，但看得不很清楚；有两只耳朵，但听得不很分明；有鼻子和嘴，但他对于气味和口味都不很讲究；他的脑子也不小，但他的记性却不很精明，他的思想也不很细密。

他常常说："凡事只要差不多就好了，何必太仔细呢？"他小的时候，妈妈叫他去买红糖，他却买了白糖回来，妈妈骂他，他摇摇头道："红糖白糖不是差不多吗?"

他在学堂的时候,先生问他:"直隶省的西边是哪一个省?"他说是陕西。先生说:"错了。是山西,不是陕西。"他说:"陕西同山西不是差不多吗?"

后来他在一个钱铺里做伙计,他也会写,也会算,只是总不精细,十字常常写成千字,千字常常写成十字。掌柜的生气了,常常骂他,他只是笑嘻嘻地说:"千字比十字只多一小撇,不是差不多吗?"

有一天,他为了一件要紧的事,要搭火车到上海去。他从从容容地走到火车站,结果迟了两分钟。火车已在两分钟前开走了。他白瞪着眼,望着远远的火车上的煤烟,摇摇头道:"只好明天再走了,今天走同明天走,也还差不多。可是火车公司,未免也太认真了,8点30分开同8点32分开,不是差不多吗?"他一面说,一面慢慢地走回家,心里总不很明白为什么火车不肯等他两分钟。

有一天,他忽然得一急病,赶快叫家人去请东街的汪大夫。家人急急忙忙地跑去,一时寻不着东街汪大夫,却把西街的牛医王大夫请来了。差不多先生病在床上,知道寻错了人,但病急了,身上痛苦,心里焦急,等不得了,心里想道:"好在王大夫同汪大夫也差不多,让他试试看吧。"于是这位牛医王大夫走近床前,用医牛的法子给差不多先生治病。没用上一刻钟,差不多先生就一命呜呼了。

差不多先生差不多要死的时候,一口气断断续续地说道:"活人同死人也差……差……差……不多……凡是只要……差……差……不多……就……好了……何……何……必……太……太认真呢?"他说完这句格言,方才绝气。

胡适先生的这篇具有讽刺寓意的文章《差不多先生传》揭露了一个社会现实,差不多先生的事随处可见,我们也都明白差不多心态会带来什么样的后果，我们都不愿意成为差不多先生那样的人。但是在实际生活中，我们每个人身上都或多或少有差不多先生的影子。对生活和工作，我们是不是也抱着一种差不多的态度呢？

其实，大多数时候，我们并非有意要成为差不多先生，在做一件事情时经常会觉得，这件事在做到十分还是八分都行时，我们往往会选择差不多就可以了。就在我们对每一件事都做到差不多而且还自我感觉良好时，事情的结果已经在向我们预期的相反方向发展，最严重的后果将会导致事情的失败。那么，究竟如何做才能避免我们成为差不多先生呢？

无论是工作还是生活，一些人总是将"差不多""好像是""大约"等不确定的词语当作自己的口头禅，这些人有一个显著的特征就是凡事不会太较真，人缘还挺好，而且差不多是在及格水平以上，比上不足，比下有余。但是差不多先生，真的是差不多吗？其实，差了很多。

在工作中，尤其要不得差不多心态，这种心态极其危险。在自己的工作岗位上一定要做到爱岗敬业，认真做好工作中的每一件小事，就是对工作最好的回报和对自己负责。当今的社会风气是比较浮躁的，在这种风气的影响下，对待工作和生活抱有一丝不苟的精神就显得难能可贵了。如果对于工作中每一件小事都抱着差不多的态度，最终将会导致出现与我们预期相差千里的结果。因此，为了避免出现这种现象，我们在实际工作中一定要强化责任意识，培养自己对每一件小事都负责的态度，坚决不做差不多先生。

对此，需要注意以下几点：

（1）我们要端正自己的态度，对待工作一定要坚持高标准、严要求，态度决定高度，端正的态度是做好每一件小事的基础，也是避免出现差不多情况的最佳途径。踏实努力，一步一个脚印的态度比什么都重要。

（2）要培养自己良好的工作习惯，在工作的时候一定要有严谨的工作作风，对工作中的每一个细节都要给予足够的重视。另外，做完一件事之后要进行及时评估,培养"回头看"的习惯,通过对于做过的事情及时总结以及自查自纠,查漏补缺,总结得失,为以后工作的开展做好经验积淀。

(3)为自己的行为和工作开展列清单,将自己每天的工作进行提前安排,在一天或一周工作结束后对于工作开展情况进行反思和对比,对没有达到自己预期标准的工作进行规划,以此来指导下一阶段工作。

差不多是一种消极怠工的工作态度,是一种负能量,不利于企业工作的开展,长此以往将不利于员工积极性和主动性的发挥,对员工个人以及团队执行力也是一种极大的挫伤,最终将会影响企业战略目标的实现。因此,作为企业领导应在制度的制定以及后期的执行监督方面加大力度,避免差不多现象的出现,并且在实际执行中,一定要为员工树立一种"要么不干,要干就干到位"的思想,在这种思想的指导下带动整个团队执行力的提高。

### 思考题

(1)差不多的危害有哪些?

(2)如何有效避免成为差不多先生?

(3)结合现实,分析差不多与一点儿也不差的差别。

## 千里之堤,溃于蚁穴

"千里之堤,溃于蚁穴"这句话常用来警示世人,千里大堤看着虽然很坚固,却会因为一个小小的蚁穴而坍塌。事情的发展是一个由小到大的过程，一旦出现极小的安全隐患，如果不能给予足够的重视以及正确及时的处理将会留下无穷无尽的后患。因此，在我们平时工作中一定要做到防微杜渐，从每一件小事做起，对每一个不安全因素进行处理，避免出现更大的事故和灾难。

在2000年7月24日，法国有一架客机在巴黎郊外的戴高乐机场起飞后不久起火坠毁，事故造成了133人死亡。

经过专业调查，发现引发这次灾难的元凶是一个掉落在跑道上的金属薄片，该金属薄片割破了飞机的轮子，从而导致飞机起飞后一系列事故。

更有意思的是，进一步调查发现，这个金属薄片是美国一架飞机掉落下来的，且是该飞机发动机在检修时所换上的替代零件，并不是原件。

祸患常积于细微，每一个小失误都有可能导致大隐患的出现。尤其是在企业经营管理中，不仅要对现存的每一个小问题进行排查，还要对可能发生的问题做出预估，提前做好应对措施。企业发展过程中出现的问题绝大多数是由于平时一个个小问题没有得到及时处理进而累积导致的结果。因此，对于遇到的每一个小问题都要进行及时的处理，任何时候都不能忽视，必须在意识上重视每一个小细节。

有很多人认为抓主要矛盾就是抓主要环节和关键因素，对于没必要的细节不用给予过多关注，他们所有的预防都停留在简单的喊口号上面，而不重视从每一个细节上入手做好预防工作。其实，在这个过程中他们忽视了很重要的一点就是对于细节的把握。我们必须要将每个细节做到极致，以细节为基础，梳理出关键的控制点并对可能出现的问题做出准确预估。试想一下，如果没有将每一件小事做到位打好基础而去谈重要环节，所谓的成功就成了无源之水，目标的实现更是无从谈起。

实际工作中，有很多看似微不足道的小事，到最后往往会酿成企业发展困境的重大隐患。因此，我们不能因为事情过小而选择忽视。对于每一个细节的忽视，将来都需要付出更多的时间和精力去弥补。相反，如果我们用正确的态度去对待遇到的每一件小事，像对待大事情一样给予每一个小问题和小事足够的重视，至少可以保证企业在发展过程中不会出现方向性错误。只有从细微之处着眼，才能发现产生问题的死角，也只有从每一个小细节着手，我们的检查才能更细致，对于实施的措施也才可以进行更周密的规划和监督，问题的处理也才能更及时。

那么，重视每一个细节的关键在哪里呢？重中之重就在于我们需要在思想上给予足够重视，尤其是企业负责人，一定要将精细化管理的意识贯彻到底，容不得半点马虎，思想意识为行动提供了指引，只有在思想上给予充分重视，才能对细节进行认真对待和把握。也只有在思想上高度重视了，才会落实在实际行动上，避免员工将"好像""大概""差不多""大致"等口头禅挂在嘴边，也才能做到责任到人，落实到位。

精细化管理的方式是对现代企业提出的新要求，每个阶段的细节都是复杂的，也是不断变化的。因此，在实际工作中一定要转变工作作风，把所有细节和工作往深处想，往落实处抓，只有企业的每一个参与者把遇到的每一个小问题、小细节都处理到位才能防患于未然，从而保证企业发展战略又快又好地实现。

所谓"行百里者半九十"，不要忽视任何一个小问题，任何一个小问题的出现都将导致之前工作前功尽弃。这就对企业管理者提出了一个警示——问题的出现都是由小到大发展的，一旦出现小问题就要给予足够的重视及处理，否则就会留下极大后患。所以，我们实际工作中一定要做到防微杜渐，从小事做起，对于出现的不利因素进行及时处理，避免更大的灾难性事件发生。

执行力是干出来的

**思考题**

（1）反思"千里之堤，溃于蚁穴"的意义。

（2）分析由于小隐患造成执行失败的案例，分析主客观原因。

## 要做就做最好的那一位

如果要挖井，就要挖到出水为止，我们做一件事，要么不做，要做就要想尽一切办法做到最好。在实际执行过程中，只要还有提高的空间就要全力以赴去改进。所谓"好事多磨"，任何一件值得追求的事情都不会那么轻而易举地完成，当身处困境时，切记不要退缩，不要与眼前的困难死磕，也不要总是计较自己付出的努力。只要做的事情成功了，我们之前付出的所有努力都是值得的。成功的路上永远都没有捷径，只有你的认真、努力和付出才会缩短你与成功之间的距离。

在企业里，将事情做到最好的员工永远都是执行力最强的员工，所谓的执行力和执行效率指的就是当上级领导将一件事情交给你来完成时，你能够快速领会战略意图并且迅速执行下去，而且得到了预期效果。在企业里，能够将任务完成得最好的人就是合格的执行者，他们也会获得最大的重视和发展。那么，究竟什么样的员工才会将任务完成得最好呢？他们与一般员工的区别在哪里呢？让我们先来看一个例子：

微软公司于1997年在日本东京的帝国饭店举行新产品全球首发仪式，唐骏作为主设计师，负责比尔·盖茨的全程接待工作。在首发仪式上，比尔·盖茨需要做一个演讲来助推新产品的发布。按理来说，这个演讲对于比尔·盖茨来说是非常简单的一件事，而且比尔·盖茨的演讲效果如何，也不是总设计师唐骏需要考虑的事情。但是，唐骏却不这么想，他所考虑的是如何可以让比尔·盖茨的演讲效果达到最佳。

为了达到演讲效果最大化，唐骏对美国总统的演讲方式，包括在走台之前怎么做以及哪一种方式最好等等进行了研究，然后他模拟了一排脚印，只要比尔·盖茨沿着脚印走就可以到达非常合适的位置，这个位置可以让观众感到更亲近，也能达到最佳效果。除此之外，比尔·盖茨在为演讲做准备的时候，唐骏并没有像其他同事一样抽空去休息，而是时刻守在门口，因为在他看来，比尔·盖茨不懂日语，一旦有什么事他本人可以提供及时的帮助。果不其然，不一会儿，比尔·盖茨想要去洗手间，但是因为酒店服务员不懂英语无法告知准确位置，这时唐骏跑过去帮比尔·盖茨指出了准确位置并在洗手间门口等着，恐再生枝节。

切莫说这事发生在比尔·盖茨身上，换做任何一个人有这样的员工都会觉得是很大的安慰，也更愿意将更多好机会交给他们。微软公司员工众多，参与比尔·盖茨演讲一事的员工也不在少数，但是为了让比尔·盖茨的演讲效果达到最佳去画脚印的只有唐骏一个。真的是因为唐骏比别人聪明吗？错，只是其他人缺少唐骏那种要么不做，要做就做到最好的精神。

这个例子谈不上多么惊天动地，这些事在我们平时的工作中也会经常遇到。但是，为什么只有唐骏能够做到最好，其他人就做不到呢？这不得不引起我们的反思。之前，我们仅认为执行是一种能力，但实际上执行更是一种精神，是一种将每件事都做到最好的精神，也是一种学习能力。能力是可以培养和提高的，但是如果没有对每件事追求尽善尽美的精神，即使能力再强也不能得到充分发挥。将能力比作火药的话，那么精神就是引线，只有通过引线才能将火药的威力释放出来。因此，只有具备了将一

执行力是干出来的

切事情都做到最好的精神，我们才会去想尽一切办法，发挥积极性与主动性，调动我们自身以及周边的一切资源，将事情做到极致，做到无可挑剔。

要么不做，要做就做到最好，将每一个环节都做到极致，坚决不能辜负自己的每一分努力和付出，要为自己的时间和工作负责，在执行之前对于每一环节进行细致分析和评估，做对每一件小事，做好每一个细节，从而提升自己的执行力，最终带动企业整体执行效率的提升，进而促进企业整体发展战略的实现。

**思考题**

（1）自己在执行的过程中是否把"最好"作为目标？
（2）反思自己为什么没有将做好每一件小事当作行为标准？
（3）把事情做到最好的执行意义是什么？

# 把执行融入细节中

执行无小事，态度决定一切，细节可以成就完美的执行力。在执行过程中对细节进行严格的控制和管理对于企业发展有着至关重要的作用。王永庆就是一个将执行融入细节中的典型代表，从起初小米店生意起步，不断在执行中对细节进行完善，到最终问鼎台湾首富宝座；张瑞敏刚到海尔集团时企业已经濒临破产，但即使在这样的困境下他依然不忽视每一个小细节，在迈向成功的路上对细节不断进行完善，代表性的例子就是砸冰箱事件，正是对细节的严格把控使海尔集团成为中国一流国际化企业集团。相反，由于对细节的忽略导致企业蒙受损失甚至破产的例子也比比皆是，比如，因为小账户处理不当导致败北的巴林银行，因为报错中奖号码"349"瓶盖而蒙受了巨大损失的百事可乐。这些例子也为我们揭示了一个规律，就是在执行过程中如果忽视对于细节的管控就会使企业遭受巨大损失，这也为企业管理者提供了深刻的经验教训。

以上例子给企业敲响了警钟，企业应认真思考细节、执行力等方面的问题，从细节着手，在执行过程中不断完善企业的精细化管理体系。那么执行力与细节的关系到底是什么样的呢？执行力指的是员工对于上级指派的工作落实程度，执行力高低是工作任务能否圆满完成的前提条件，如果没有执行力或者执行力比较弱，将对工作完成质量有着极大的负面影响，而执行力的强弱与执行员工的态度、价值观、责任意识有关。细节是在实际执行中的每个环节、步骤、记录以及完成这些环节和步骤所需要做的相关细微工作和每一件小事。执行力和细节是辩证统一的关系，执行力是前提条件，而细节是在执行力产生之后才会有的。也就是说先有了执行力才会有关于细节的执行，要想将细节做好就必须先要解决执行力的问题，将执行融入细节中，而只有将每一个细节做到极致才会造就完美的执行力。

然而在实际工作中，往往发生员工执行力差以及对细节没有给予足够关注的问题，产生这种现象的原因在哪里呢？

其实造成企业员工执行力缺失，不重视细节的原因无外乎以下几点：当今社会大环境影响，员工收入偏低、情绪低落进而导致思想混乱和行为散漫；中层领导以及主管领导的权限过小，管理意识和责任意识比较淡薄，无法发挥应有的管理作用；公司的考核制度不合理，对于员工的考核不及时，无法调动员工积极性；制度执行力度的欠缺导致无法对员工进行有效管控，致使无法对员工进行及时监督。那么，究竟采取哪些措施才能增强企业员工的执行力呢？

（1）制定合理的薪酬制度，确保员工收入可以保持在一个持续、稳定的基础之上，从而使80%的员工都能满意，只有真正解决员工的物质需求，解决员工的后顾之忧，才能保证员工在执行中发挥主动性和积极性，进而促进员工对细节进行关注。

（2）给中层管理者下放更多权力，增强他们的责任意识和管理意识，确保中层管理者能够在执行中对细节给予更多关注，提升执行效率。

（3）建立公平、公正、公开的绩效考核制度，为优秀员工提供更好的展示平台和机会，只有这样，优秀的人才会更努力，普通的员工也才会向榜样学习，努力提升自己，从而带动企业整体执行力的提升。

（4）加强在执行过程中对细节进行的事前、事中和事后监督，确保每个细节都能执行到位。

企业发展战略的实现需要将执行和细节管理做到位，细节决定成败，执行分出输赢，在如今这个精细化管理的时代，需要将执行力融入细节之中。细节和执行力就是企业的竞争力，就是制胜的法宝，得细节者得市场，得执行者得发展，所以，在企业发展过程中一定要将执行力融入细节之中，确保企业实现快而稳的发展。

### 思考题

（1）对于执行和细节，你是如何看待的？有没有做到两者并重？

（2）在执行中有没有将细节进行进一步的完善和优化？

（3）分析由于细节造成企业失败的案例。

# 第十一章
# 创新干：拥抱变化，快速反应

　　世界的高速变化让很多人来不及反应和准备，从而落后乃至失败。在快速发展的社会中，同样一件事，昨天那样做是最好的，而今天可能这样做才是最好的。抱着创新的心态工作，创新永远是执行力的动力源泉。

执行力是干出来的

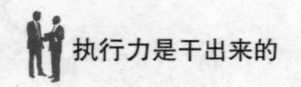

## 开拓创新，提升执行力

在美国，有一位卖售甜脆薄饼的小贩叫哈姆威，他的旁边是一位卖冰激凌的小贩。夏天的时候，冰激凌销量很大，不一会儿盛冰激凌的盘子就不够用了。

哈姆威看到此情况，就将自己售卖的薄饼卷成锥子状，给旁边卖冰激凌的小贩用来盛冰激凌。

没想到，冰激凌和薄饼结合在一起，特别受人们的欢迎，销量比以往好了很多，后来还被评为世博明星产品。这就是我们今天看到的蛋卷冰激凌。

显然，这就是一种创新，如果没有大胆的猜想是不会带来时代的进步和发展的，开拓创新就是一种能力。能及时正确地提出存在的问题就是在创新道路上迈出成功的第一步。在人类几千年的发展史上，每一次大的进步和发展无一不是创新的结果。创新对于提高一个国家发展的速度和质量有着举足轻重的作用。对于企业来说也是如此，一个企业创新能力的高低直接决定着企业的市场竞争力以及团队执行力。

那么，创新的真正内涵是什么呢？

创新是指在现有思维模式基础上，对现有资源（知识和物质）加以利用，提出有别于常规或者常人思路的见解，本着理想化的需要或者为了满足社会需求的目的，进而对原来不存在或者不完善的事物、方法、元素、路径或环境加以改进或创造，从而获得有益效果的行为。

一个企业如果不懂得改革创新和开拓进取，那么企业的生机就会慢慢消失殆尽，最终难逃灭亡的结局。创新的目的是革除旧的观念和行为方式，解决现存问题。创新思路，提高企业员工的执行效率，是为了带动企业整体发展战略的实现。那么，企业究竟应该从哪几个方面进行创新来提升员工的执行力呢？

（1）创新理念：哲学上讲，意识对物质有反作用，正确的意识有助于促进物质向好的方向发展，对于理念的创新就是一种正确的意识。在理念创新方面对企业负责人提出的要求是不仅需要具有开阔的眼界和格局，还要具有持续不断的学习力，向各行各业的精英学习，在企业管理理念、经营理念以及生产理念方面都要有新的思路和突破，进而找出新的实施措施，确保企业的理念能够与市场发展同步甚至是超越市场发展的进度。

（2）创新管理：管理方面的创新是各项创新的基础，通过科学的管理创新可以对企业进行人才、资本和科技等因素方面的整合，使各种生产要素得到充分利用。尤其对于人才要素方面的管理进行创新，一方面可以吸引更多优秀人才，为企业储备充足的人力资源，另一方面还可以不断优化企业人力资源，提高人员素质进而提升团队执行效率，从而推动各项工作有序进行。

（3）创新营销观念：现代市场营销环境的持续变化使得企业的市场营销活动面临诸多挑战，企业发展过程中80%的问题都需要通过营销创新来解决，只有营销理念的创新才能使企业为市场所熟知，为企业带来更多的客户和资源，也才能为员工谋取更多创造价值的机会。因此，企业一定要在营销方面进行创新，创新营销思路，为企业带来更多资源。

创新是一个民族进步的灵魂，这句话同样也适用于现代企业的发展。没有创新就没有发展，没有发展就没有效益，没有效益就不能为员工创造更多物质条件，没有物质条件作保证就不会有较高的执行力。在企业发展

执行力是干出来的

过程中一定要将创新作为企业的一件大事去做，创新事关企业发展的后劲和动力，企业的领导者尤其要注重培养自己的创新意识，并且还要带动整个团队不断进行创新，促进整体执行力的提高，只有这样才能在激烈的市场竞争环境下立于不败之地。

**思考题**

（1）创新与执行力的关系是什么？

（2）对比一下你周边的同事，哪些属于敢于开拓创新的人？哪些属于守旧的人？他们的执行力又有什么差别？

（3）对于那些缺乏创新的人，分析他们缺乏创新的原因有哪些。

# 执行力与创新力的关系

执行力和创新力对于企业发展有着至关重要的作用，执行力是创新力得以实现的保证和前提，而创新力又可以带动执行力的提升。既然执行力和创新力有着如此重要的作用，那么，二者之间的关系到底是什么样的呢？

从内涵上来讲，执行力指的是对于现有资源进行有效利用以确保能够保质保量完成目标的能力，亦指贯彻领导的战略意图以及完成预定目标的操作能力。执行力是事关企业战略、规划、目标能否成功转化为效益和成果的关键。执行力包含着完成任务的意愿、完成任务的能力以及完成任务的程度。针对执行主体不同执行力的含义也不一样，针对个人而言，执行力就是办事能力；对于团队而言，执行力就是战斗力；对于企业而言，执行力就是企业的经营能力。

在香港的一份报纸中，有一天，居民发现某一版面是空白的，以为是报社漏印了，仔细一看，在空白版的中央位置印着几个很小的字母"HRC"，读者觉得这个版面很奇怪，都想知道"HRC"是什么意思。连续好几天都是这样，终于有些读者忍不住了，打电话到报社询问这到底是什么意思，报社表示，过几天会通过报纸给出答案。

终于有一天，报社在原先那个空白版面位置给出了答案，原来"HRC"是一家企业品牌的简称，大家也深深记住了这个品牌。

以上故事中，因为创新，使人们牢牢记住并熟悉了这个品牌。具有创新力的人，可以激发和增强人的创新意识并进一步提高劳动者的综合素质，对于提升企业的核心竞争力和工作效率有十分重要的意义。创新对于民族的进步有着十分重要的作用，对于企业来说尤其如此，可以带动企业员工提高执行效率。执行力对于企业发展是尤为重要的一项内容，尤其对高管来说，让别人去执行的能力更是不可或缺的，下属执行力强大与否与此也有很大关系，让员工执行的能力就是高管最好的执行力证明。既然创新力和执行力对于企业的发展有如此大的作用，那么，提升企业执行力和创新力的方法有哪些呢？

针对执行力的提升可以从以下几个方面来做：

（1）作为管理者要做一个有执行力的榜样，企业负责人只有严格要求自己才能带动团队成员一起进步。

（2）对于安排的任何工作都必须确保有量化的目标、完成时间以及完成标准，在预期目标顺利达成的同时培养员工的执行力意识，让他们以后可以自动自发地去执行。

（3）对于人、物的安排要明确，让执行员工可以一目了然，还要让员工对于存在的疑问进行畅谈，引导员工认同所布置的任务，以便在执行中提高完成的效率和质量。

（4）当员工的目标达成或者超额完成时要给予及时表彰，通过表彰可以进一步提升员工执行的积极性，促使他们为了完成目标而去主动积极执行。

（5）建立有效的监督机制，方案或目标能否被有效贯彻下去的关键就在于是否进行及时有效的事中监督，只有监督才是目标顺利达成的保证。

要想拥有创新能力首先要具备强烈的创新意识以及顽强的创新精神。作为企业负责人只有具备创新意识和创新精神才能带动企业员工一起进行创新，从而带动企业整体发展战略的实现。其次，企业员工要积极进行创新方面的活动，有了创新意识做先导后还要投身创新实践的活动，只有实践才能不断优化创新行为，提升创新能力。

执行力和创新力是企业发展的两个重要利器，如果把企业比作一个人的话，那么执行力和创新力就是人的两条腿，只有两条腿均衡发展才能确保一个人正常行走。企业只有将执行力和创新力作为两项重要的任务去狠抓落实才能促进企业整体发展战略的实现。作为企业的负责人要把执行力与创新力当作企业的一项文化去打造，然后将这种文化植入所有员工头脑，将团队打造成为执行力与创新力并重的威武之师。

### 思考题

（1）你是怎么理解执行力与创新力的？

（2）创新力是否决定执行力？原因是什么？

（3）你的团队执行力与创新力低的原因有哪些？如何改善？

## 以变制变，才是执行王道

有一句很流行的话："变是唯一不变的真理！"以变制变，以变应变，才是执行王道。在如今这个信息爆炸的时代，没有信息就无所谓管理。未来社会的竞争一定是信息与学习的竞争。信息的一个显著特征就是可变性，我们如果不能及时捕捉有效信息并做出相应的改变和采取应对措施，那么，最终的结果只有被淘汰。

在你身边同事身上可以发现一个现象就是有些人天天都在想着改变，也在喊着要做到以变制变，以变应变，但是在实际执行中却并非如此，绝大多数人还是以不变应万变，一觉醒来还是原地踏步。

改变就意味着你要改掉现有的生活方式和习惯去迎接新挑战，如果把你目前的生活状态比作舒适区的话，你所做的改变就是一个痛苦区。当一个人在舒适区待习惯了，让他猛然进入自己非常陌生的痛苦区将是一件特别难的事情。然而，一旦你真正进入了痛苦区，刚开始肯定会有不适应，会经历一个很痛苦的阶段，但当你熬过这个阶段，在痛苦区里不放弃，仍旧去行动，将自己的潜能激发出来，你将会慢慢扩大你的舒适区，这个时候你的痛苦区也就逐渐向舒适区过渡了。

变是一种创新，是一种对自己的否定，变同样是需要很大勇气的，只有变才能实现进步和发展。变就是行动，变就是执行力，只有变才会有新的生命力。

## 执行力是干出来的

科学家对鹰这种动物的一生做过研究，他们发现一般的老鹰只有40年的寿命。但是如果一只鹰经过一个重生的过程，它的寿命将会延续到70年，这个蜕变的过程是十分痛苦而漫长的。

当老鹰40岁时，它的爪子开始老化，无法抓捕猎物，它的喙变得又弯又长，几乎碰到了胸膛，翅膀也会变得十分沉重，因为它的羽毛长得又浓又厚使得飞翔变得异常吃力。这个时候，它有两种选择，一是静候死神的到来；二是通过改变进入一个十分痛苦的过程。要想获得重生，就必须很努力地飞到山顶，在悬崖上筑巢，在那里停留，度过长达150天的痛苦蜕变。首先要用它的喙击打岩石，直至全部脱落，然后静静等候新的喙长出来。当喙长出来之后，用喙将自己的指甲一个个拔掉，等新指甲长出来之后就要把自己的羽毛一根一根拔掉，这个过程需要经过5个月的时间。在经历这个痛苦区之后，老鹰便重获新生，开始飞翔，获得自己未来30年的新生。

所以，改变是需要勇气的，不是任何人都愿意去改变的。在企业里也是一样，如果不思进取，不敢创新，没有改变的勇气和决心，你将会失去行动的勇气。长此以往，你会跟不上企业发展的脚步，慢慢掉队，直至成为浪费企业资源的人，最后被企业淘汰。那么，我们需要怎么改变才能避免出现这种结局呢？

首先要坚定改变的信念，既然下定决心要改变，就要持之以恒地坚持下去；其次要理性地思考一下你是为了一个什么目的来改变自己，没有目标你一定会盲目，一定要确保自己的改变是发自内心的；接着就要制订一个切实可行并且可以量化的计划，将每个阶段的目标都制定清晰，通过每个小目标的实现来增添勇气和信心；最后要寻找能让你持续坚持下去的动力来激励自己。

企业要在执行过程中发现问题，进而找出解决问题的办法。问题在执行中出现就要在执行中去解决。因此，作为企业领导者尤其要有这样一种意识，就是不要惧怕出现问题，出现问题是好事情，证明企业还有进步的空间，积极去行动，努力找出不足，继续在行动中解决就行了。企业的发展必须始终坚持变是唯一不变的真理，变则通，通则达。

### 思考题

（1）事物的变化会对执行力产生怎样的影响？

（2）自己是否曾遇到过因为变化而无法执行的情况，分析原因。

（3）执行中对于突发事件，我们该如何解决？

## 带着疑问去干事

对一件事情或者工作有疑问，我们就会产生要去探索的欲望。有了疑问之后，做事就会专注。当心里有疑问并认真去做一件事时，你就会很容易达成这个目标。有疑问是一种好的工作态度，只有对一件事有了疑问，你才会有想去尝试的想法，你的心中也才会有目标。这种带着疑问去做事的态度也才会发挥得淋漓尽致，最终才能带动整个团队不断朝着新的方向去努力。

一个弹琴的朋友，目前在圈内较为知名。他刚开始练琴时，跟着一位业余爱好者以玩的心态进行非专业练习。练琴之余，看了一些牛人弹琴视频后，他很好奇，别人怎么会弹出那么多的花样？自己是不是也能够做到呢？

于是，他开始琢磨那些让他着迷的技巧，这一琢磨不要紧，完全让他沉浸到了弹琴的世界中，不仅学会了视频中那些牛人的弹琴技巧，而且还琢磨出很多新花样！

没过几年，他在圈内便小有名气，现在，经常被邀请到全国乃至全世界各地演出。

这位朋友的成功起初并不是他的梦想或目标，只是抱着玩的心态去练习，然而，因为好奇，因为有疑问，所以有了兴趣，有了更强的执行力。

所以，做事之前，有没有疑问，会不会规划将对你的一生能走多高多远有着决定性作用。如果员工在执行过程中不能带着疑问去干事，那么在执行中一定没有奋斗动力，更不要谈所谓的成功了。纵观企业界的成功人士，在他们身上最明显的一个个性特征就是：他们总是善于提出问题，带着问题及时投入到新的行动中去，并在执行过程中不断发现新问题，调动自身拥有的一切资源去解决遇到的每一个问题。

带着疑问去干事是通往成功的金钥匙，成功人士就是那些对自己遇到的事情都有疑问，抱着尝试和创新的态度去面对一切并为之付出不懈努力的人。这个法则适用于任何人，即使像爱迪生、爱因斯坦这样的天才也是带着对未知世界的疑问去积极行动的人，他们通过自己一次次的努力来增强自己的力量。对于任何事情都有疑问可以让我们明确自己的目标是什么，让我们清楚地知道自己的使命，抓住事情的重点，进而把握现在，让自己充满奋斗的激情进而提升成功的机率。

在此需要提醒的是，有很多员工是三分钟热度，轰轰烈烈开始，悄无声息结束，在执行前或者执行的前期有疑问，然而时间一长就会慢慢淡忘自己的初心，忘记了自己的疑问在哪里，最终导致丧失目标，无法专心工作，使自己迷失在通往成功的道路上。

疑问是我们航行的方向，有了疑问才会有继续努力下去的动力，但是如何才能保证这种疑问可以提供持续不断的动力，让自己一直前行呢？

"凡事预则立，不预则废"，这里的"预"就是确保我们的疑问可以长久持续下去的解决方案或者计划。计划是行动的实施方案，如果在行动之前没有目标，计划也就没有清晰的方向，员工在执行过程中就会很迷茫，所有的目标只能是一句口号，最终也会成为一纸空文。成功人士之所以会成功就在于他们对自己的人生是有规划的，而且有详细的量化标准，他们清楚地知道自己在每个阶段应该要达成的目标以及达成的标准。

一个做事没有计划、没有条理的人，无论从事哪一行都不可能取得成就。干事有疑问、有条理、有计划，无论对于员工还是企业的成功都是有重要意义的。有数据显示，企业的失败大多是由于做事没有条理，没有计划导致的。事实上，干事之前要产生疑问并且制订做事的计划，不仅是一种做事的习惯，更深层次的意义在于它反映着一个人做事的态度，也决定着一个人能否取得成功。

带着疑问去干事是一种工作态度，更是一种勇于探索的精神和学习力。在这里我们可以将疑问当作一种工作中的目标来对待。从人的本性来说，有了疑问就会有好奇，当对一件事情产生了好奇之心就会有去印证的欲望，这种欲望越强烈就越会带动员工去执行的积极性。因此，我们要善于培养自己这种带着疑问去干事的能力。在这个求索过程中，我们会不断地去解决问题，通过对一个个小问题的解决，我们就会慢慢向自己的目标靠近，探索更高效的方法提升执行效率，最终带动企业整体发展战略目标的实现。

### 思考题

（1）"为什么"对创新的意义是什么？

（2）对于在执行过程中出现的问题你有没有思考过更好的改进措施？

（3）选择一个事物，用疑问的思维思考下去，领会其中的奥妙。

执行力是干出来的

# 打破思维定式，在执行中创新

打破思维定式，敢于在执行中进行创新是一个非常值得推崇的做法，先举两个例子方便大家理解。

拿破仑兵败滑铁卢之后被流放到圣赫勒拿岛，在这期间，他曾经的一位谋士通过一种非常秘密的方式给他捎来一副用象牙和软玉制成的国际象棋。拿到象棋之后，拿破仑爱不释手，自此一个人默默下起了象棋，以此来打发寂寞痛苦的时光。当象棋被抚摸得很光滑了，他的生命也走到了尽头。在拿破仑死后这副象棋被多次转手拍卖，后来一个拥有者偶然间发现有一枚棋子的底部是可以打开的，在里面有一张如何顺利逃出圣赫勒拿岛的详细计划。

心算家阿伯特·卡米洛从来没有失算过，但是有一天在他表演时，有人上台给他出了一道题："有一辆载着283名旅客的火车驶进车站，有83人下车，65人上车；下一站又下去49人，上来112人；再下一站又下去37人，上来96人；再再下站又下去74人，上来69人……"

就在那人刚说完，心算大师便不屑地答道："小儿科，我告诉你，火车上一共有……""不，"那人拦住他说，"我是请您算出火车一共停了多少站。"只见阿伯特·卡米洛呆住了，这组简单的加减法成了他的"滑铁卢"。

第十一章　创新干：拥抱变化，快速反应

这两个例子给我们的启示是天才也需要打破思维定式的障碍。其实这两个故事也是两个遗憾，他们两个的失败就在于定式思维上面。心算大师关注的只是数字，军事家认为象棋只是用来消遣的，他们忽视了数字背后的数字以及象棋背后的象棋。由此我们不难得出结论，如果一味在自己思维定式里打转，即使是天才也无法走出死胡同。无数事实证明，伟大的创造，天才的发现，无一不是从打破思维定式开始的，只有在执行中不断创新才可以取得更大成就。思维定式对我们工作有着极大的阻碍作用，因此，我们一定要打破思维定式，积极寻找新的解决方案。那么，具体怎么做呢？

首先，就是要有正向思维。在平时工作中，难免会遇到各种各样的困难，当遇到困难时，我们要从积极的一面去看待，换个角度找出解决办法；其次，要有换取思维，在工作中，不同部门、不同员工都有不同的资源和价值，在做一项活动时各部门只有协同合作共享彼此的资源，通过巧妙换取达到自己的目的；再次，还要有移位思维，有个例子是这么说的，老和尚问小和尚："如果你前进一步是死，后退一步则亡，你该如何选择？"小和尚毫不犹豫地答道："我往旁边去。"天无绝人之路。

工作中，在不打破规则的前提下，我们不妨换个角度思考一下，也许你就会发现路的旁边还有路。打破思维定式一定要有不一样的思维角度，不同的思维角度和思维方式会产生不一样的效果，采取哪种思维方式要依据个人的境遇和情况。

打破思维定式是意识方面的问题，在执行中创新是一种工作方法，在企业发展过程的任何阶段都要打破固有的思维模式，总结出新的工作方法，指导下一阶段的工作。在打破思维定式的基础上还要在执行中进行创新，不断突破。在日常工作中，我们要培养打破思维定式的习惯，尤其作为企业负责人或者管理者，要将打破思维定式，扩展思维的视角当作一项重要工作来执行，只有这样才能对出现的问题进行有效处理，也才能提升

执行力是干出来的

企业整体的创新力和执行力,最终带动企业发展战略的实现。

**思考题**

(1)什么是思维定式?

(2)你的思维定式是什么?曾经打破过吗?

(3)分析身边朋友的思维定式是什么,该如何打破?

## 营造团队中的创新文化

建设企业创新文化,对于激发团队的创新思维、培育敢于创新的人才以及实现企业的持续创新有着极为重要的作用。团队创新文化的建设也是公司顺利推进自主创新、全面提高公司整体创新力的软实力保证,企业要发展就必须要朝着创新型公司的目标推进。创新型公司的建设需要的不仅是创新的体制和机制,更需要具有创新精神的团队,还要有与企业发展相适应的创新文化。

一个服饰市场,有很多商户在销售自己制作的手帕,各种布料各种花色都有。有一天,某商户将玫瑰花绣在了手帕上售卖,顾客看到后非常喜欢,争相抢购。自然,其他商户的手帕销量严重下降。

过了几天,另外一家商户将各种鸟绣在了手帕上,销量也迅速上升,其他商户看到后分外眼红,纷纷效仿,创新性地将美景、动物、植物绣在手帕上……

这样,这个市场的商户手帕销量提升了,还做出了特色、做出了品牌，并且市场的人气也提高了。

这便是创新文化的带动作用，第一个商户打破局限，突破传统思想，带动了其他商户的效仿，并形成了一种创新文化。

企业发展，团队创新文化的营造需要以"解放思想，实事求是"为指导理念，以实现企业整体发展战略目标为动力，全方位地、循序渐进地进行团队文化建设。企业团队创新文化的建设目标是要建立一个具有明确指导思想、完备内容、健全制度以及团队成员全部认同并愿意自觉实践的创新文化体系，这种体系的建设是为了帮助树立良好的创新行为，帮助企业逐步形成适应市场、激励创新、具有本企业特色的创新文化，确保企业发展战略目标和自主创新目标的顺利实现。团队创新文化的建设对于企业员工执行力的提高有着极为重要的推动作用，只有有了创新力，企业的发展才会有更大的动力，也才能让企业在激烈竞争的时代立于不败之地。既然团队创新文化对于企业的发展有着如此重大的作用，那么，作为企业的领导者究竟应该从哪几方面着手来打造团队的创新文化呢？

首先，要进行阶段性部署，在思想动员阶段需要先制定创新文化建设方案，然后进行宣导，并召集中层管理者展开讨论和学习，加强公司领导及管理者对于创新文化建设的认识；在试运营阶段，针对企业不同团队的创新活动进行试点摸索，并进行相关考核，摸索其中的规律，总结经验并不断进行完善；在以点带面阶段，试运营期间一定会有在创新方面做得比较突出的员工，可以将其树为典型来带动其他团队成员共同进行创新文化的建设，进而促使团队成员达到与企业发展水平相适应的创新文化理念。那么，在实际执行中的具体实施措施是什么呢？

（1）要将团队创新文化的建设作为企业考核的一项重要内容，将考核细则加入团队创新文化建设的考核条目之中。

（2）企业各部门根据自己负责的业务范围及创新活动规律，在企业总体创新文化建设思想的指导下，分别制定适合本部门的创新文化建设实施方案。同时在执行过程中还要展开讨论和总结，不断进行调整，进而总结出适合本企业以及本部门的创新文化。

（3）在公司的主要场所树立形象鲜明的创新标示，明确指出创新文化的建设对企业及个人发展的重要性。

（4）为团队员工提供经常性的、有创新特色的、适合各类员工的创新文化方面的学习机会。

措施制定之后还需要有效的监督机制来保证方案能够被有效执行下去，在创新文化建设过程中需要相关监督部门按照制定的标准进行适时的监督以确保实施方案可以按计划得到执行。

企业负责人应该将团队的创新文化当作一项重要工作来执行，团队创新文化的建立可以有效带动团队整体执行力的提高。创新对一个团队以及团队成员的发展有着至关重要的作用，在企业发展的任何阶段都要将创新当作一项战略执行下去。在当今这个信息化的时代，信息呈爆炸式的增长，因此就要求企业和团队成员将创新作为企业发展的战略方针来执行，创新见于日常工作的细微之处，一定要从小处着手，培养自己的创新意识，进而提升自己的创新能力。对企业负责人来说一定要带动企业员工一起创新，共同进步。一起行动的过程就是一个不断创新的过程，也是一个不断统一价值观的过程。营造企业的创新文化是企业和员工共同努力的结果。

### 思考题

（1）什么是创新文化？

（2）创新文化与执行力的关系是什么？

## 允许试错,创新可嘉

成功无非是一个不断试错的过程,试错就是一种创新。试错的起源要追溯到十九世纪爱迪生发明电灯泡,或者是李时珍尝百草,或者更早。但是"试错"这个词的提出是在近几年。试错是解决问题、获得知识的普遍做法,试错是根据已有的经验采取系统或者随机的方式去尝试各种可能的方案,当问题相对来说比较简单或者范围比较有限时,试错的方法就会起到明显的效果。

在试错的过程中,对于待解决的问题选择一个有可能的解决方法,经过验证之后如果不成功可以选择另外一个可能的解决方案继续进行尝试,直至找出最终的解决方案。试错这种解决问题的方法尤其适用于简单的问题或游戏,在这种比较简单的事情上成功的可能性比较大而且成本相对比较低,通常情况下,在没有其他可以利用的明显规则进行照搬时进行使用。

但是,试错并不意味着使用者毫无章法地胡乱尝试,使用者可以有条理地对各个变因进行尝试,整理出最有可能解决问题的办法。试错不是试着去探讨某种解法成功的原因,只以是否成功解决问题为标准,另外,试错只是为了找出某种解决问题的办法而不是去尝试所有的解法,也不会出现找出问题的最佳解法,试错可以被广泛地拿来使用。

对于一个企业来说,研发各种产品的过程就是一个试错的过程,也是不断优化产品的过程。在企业里,员工所犯的错误是企业必须要付出的成本，企业和员工不可能不犯错，而研发产品就是一个主动犯错的机会。经过实验和试错，企业可以知道最适合自己的方法是什么，以及哪种不是自己企业适用的方法。通过试错也可以找出适合自己企业的产品以及企业的鸡肋产品，只有这样才能不断优化企业的产品和服务，不断提升企业的执行力和执行效率，带动企业发展战略的实现。那么，究竟如何进行试错来带动创新呢？

（1）必须要有试错的勇气，当面对问题或者未知时，我们都会产生一种恐惧的心理，这个时候就需要我们拿出勇气去面对，去试错，积极行动找出解决问题的办法。

（2）一定要在放弃和坚持之间做好平衡。试错讲究的是快速，对于工作效率以及解决问题的速度做出了要求。但试错不是浅尝辄止，也不是偏执顽固，所以一定要把握好放弃和坚持的平衡点，当一个方法行不通时就要快速尝试另一种方法。

（3）对于尝试过行不通的方法不要全盘否定。有的问题或困难在我们尝试了很多方法之后依然得不到解决，这个时候需要做的就是调整心态，梳理思路，对使用过的方法重新进行审视，或许将几种方法综合起来就是最终的解决方案。

实践是检验真理的唯一标准，即使最后的结果证明是错误的也要敢于行动，继续前行。在企业发展的任何阶段都不可避免地会出现各种各样的错误，尤其是员工在执行过程中，由于对企业发展战略以及活动方案理解得不透彻会导致在实际执行过程中出现各种错误，这是一个很正常的现象。作为企业的负责人和企业组织的领导者要允许自己和员工试错，试错的过程就是一个进步的过程，就是一个行动的过程，不要惧怕错误，也不要害怕犯错，团队的执行力和创新力就是在一次次试错过程中得到大幅提升的。需要提醒的是，如果已经有足够的证据证明一件事是错误的就要选择放弃，明明知道是错误的情况下依旧选择坚持就是对于企业资源的一种浪费。试错是一种对于新想法、新思路的尝试，而不是毫无根据的犯错。

### 思考题

（1）分析一下试错和创新的关系是什么。

（2）我们为什么要试错？

（3）分析自己曾犯的错，用创新的思维去梳理总结。

# 参考文献

［1］李志敏. 跟大师学管理 [M]. 北京：中国经济出版社，2004.

［2］方军. 员工不是管出来的 [M]. 北京：中国华侨出版社，2005.

［3］何跃青. 小问题　大管理 [M]. 北京：地震出版社，2005.

［4］华业. 落实高于一切 [M]. 北京：中国商业出版社，2007.

［5］孙闻钟. 主管必备全书 [M]. 北京：中国华侨出版社，2007.

［6］申望. 中层领导实用全书 [M]. 北京：中国致公出版社，2007.

［7］慕小刚. 管理越简单越好 [M]. 北京：中国商业出版社，2008.

［8］章俊. 执行力 10 项驱动法则 [M]. 北京：九州出版社，2018.

［9］姜朝川. 执行力：如何带出嗷嗷叫的团队 [M]. 北京：民主与建设出版社，2018.